松本道別譯著

延年益壽祕經

増訂延年益壽秘經序

本書第一刷には、附録として『素女經』『玉房秘訣』『玉房指要』『洞玄子』の四房書の和譯を掲げた。けれども右は第一刷の「はしがき」に一寸断はつて置いた如く、實際我輩が手を下して爲した者でなく、他人を煩はして成つた者に、我輩が多少筆を入れて訂正削補した者に過ぎない。殊に其譯文は、原文を誤解して讀み愆《アヤマ》つた所多く、佶《キツ》屈《クツ》聱《ガウ》牙《ガ》讀み難き所は、大概に意譯して胡魔化したものも尠くなく、頗る原文の俤を失つたもので、我輩の意に満たぬこと夥だしい。故に我輩は昨年冬、上野の帝國圖書館に參り、原本たる『醫心方』と對照して訂正して見たが、何分配列が全然異なつてゐるので、一々對照して訂正することは極めて面倒であり、到底歳暮匆々の間に合はぬから、遺憾ながら大抵にして謄寫に附したのである。舛《セン》錯《サツ》誤《ゴ》謬《ビウ》の多きは固より期する所で、洵に恐縮至極の事であるが、當時の事情萬已むを得ざる次第であつた。

元來『素女經』なり其他の書なり、書名だけは傳はつて居るが、實牧は久しく世に湮《イン》滅《メツ》して、支那にも日本にも全然存在せぬのである。然るに『素女經』として今日世に多少流傳してゐる者は、明治三十六年に、支那の葉德輝といふ學者の門下生某が日本に來り、上野の圖書館に於て、圖らずも『醫心方』第廿八巻房内篇を發見し、「之は古今の掘出しもの、奇貨居《オ》くべし」として悉皆謄寫し、之を師の葉德輝に齎した所、葉は其中から「素女曰く」とあるものを悉く選《エ》り出して編輯し、『素女經』と題して『雙梅景闇叢書』(全六巻)の中に取込んだのである。而して其の多くは『玉房秘決』から採つた者で、間々『玉房指要』や『洞玄子』から採つたのもあるが、其中で眞に「素女經に云く」とあるのは只一章だけである。然らば本來の『素女經』なる者の眞面目は、今日到底窺ひ知る可らざるもので、世に流傳のものは、葉德輝の手細工に過ぎない。殊に太甚しきは、『玄女經』や『彭祖經』までも取込み、全然素女經には無關係のものを臚列するなどは、乱暴も亦極まる。『玉房秘決』『玉房指要』『洞玄子』なども、「素女云く」を引抜いた滓《カス》許りのもので、其配列順なども、固より元の儘を知り得べきで无い。尚又、原文の疑はしき所や、妥當ならざる字句は、葉が勝手に改竄したと見るべき箇處も尠からぬ様である。加之《ノミナラズ》、讀み衍った處が數々ある。這んな不完全な出鱈目な書籍は、断じて学者の採用すべき者でない。是れ予が再刷に臨んで、断然前刷の附録を拋棄し、原本たる『醫心方』房内篇の和譯を企てた所以であるのだ。

『醫心方』は従五位行・鍼博士・兼丹波介・宿禰・丹波康頼（官位相當といふ事があるが、然らずして、位高くして官卑《ヒク》きを行、官高くして位卑きを守といふ。）と云ふ世々醫を以て聞えた當時の名家が、支那の一切醫書を網羅し、其一切醫方を類別して三十巻に編纂し、圓融天皇の永觀二年十一月廿八日に朝廷へ進献した者で、今を距ること實に九百五十年の昔である。（全部、無點無句讀の漢文せ。）

本書は上代に於ける一種の醫学辭典とも称すべき者で、内容の豊富なること驚くべく、實に至れり盡せりであるが、就中驚嘆すべきは巻第二十八の房内、即ち房中術である。斯くの如く一切の房中術を網羅し竭して、渉すなきは、古今東西に類例のなきことで、康頼其人の努力は大に多とすべきであるが、然るにも拘らず、古來房中術の事が一向世に聞えず、且之を研究し實行せし者あるを聞かざるは、何故かと云ふに、本書は朝廷に進献せらるゝと共に、深く秘府に藏められて世に出づることなく、僅に仁和寺文庫に其抄本一部を藏するのみで、而も殘脱半ばに居り、極めて不完全なものであつた。それでも学者間には、稀覯《キコウ》《マレニミル》の書として珍重されてゐたのだ。是れ古來房中術の全く世に聞えなかつた所以であるが、後世、正親町天皇の御代に至り、この秘府秘藏の原本を、當時の大醫半井《ナカライ》瑞策に賜はつた。この瑞策といふ人は累世醫を以て聞え、殊に彼は明國に渡航して醫術を究め、歸朝後、天皇より通仙院の號を賜はり、又この秘書を戴いたと云ふものは、定めし天皇の御惱を癒やし奉つた事があるのであらう。後江戸幕府に召されて、曲直瀬《マナセ》道三等と與に徳川家《トクセンケ》に仕へ、世々曲藥頭に任ぜられて居たが、『醫心方』はヤハリ深く家藏してゐたから、世に知られぬことは依然たるものであつた。

尚は典の誤かⒽ

然るに安政元年に至り、幕府は半井氏に命じて本書を醫學所に差出させ、侍醫・尚藥醫學教諭の多紀元堅、同じく多紀元昕《ゲンキン》、其他九人の醫學者に命じて審檢細勘、凡て原本に遵依して模刻せしめたのが、即ち今日に唯一存在する所の『醫心方』三十巻である。さすが幕府の官版だけに、紙質なども實に立派であるが、夫れにも増して優秀なのは書躰で、古撲遒勁直ちに六朝隋唐の書法に逼り、恐らく其原本は撰者康頼の自筆か、或は其弟子達の達筆に成つた者だらうとは、校勘總理の多紀両氏も、序文に於て明言する所である。けれども其字躰の奇古変怪なることは、全く普通の刊本に見る能はざる所で、『康熙字典』標準の活字に馴れた近代人には、何が何だかサッパリ見當が付かず、まして無點の白文と來ては、一二行の通讀すら容易ならぬ所である。恐らく各大學の先生達とても、平生古文書《コモンジョ》や古寫本に眼を曝らしつけてゐる輩の外は、一見忽ち巻を投じて兜《カブト》を脱ぐことだらうと思はれる。

茲に其字躰の例を少々擧げて見れば、道が遒、構が搆、酬が酧、般が殷、衰が裹、微が嶶、鼎が鼑、色が乭、又が文、肌が肥、澤が滜、窈が旁、脂が脂、戾が戻、引が刋、事が亊、發が菝、充が宂、氐が弖、腦が腦、衡が衡、失が失、刺が判或は刾、候が㑨、急が怱、徵が嶶、驗が騐、筋が觔、擔が擔、偃が偃、猿が猨、膝が膝、席が蓆、擴が攗、戲が戱、置が置、逆が逆と云ふ風で、殆んど悉くが普通の字躰と異なつて居り、又屏を并、瀉を寫、歟を與といふ風に、偏旁を略するのも古書の躰であり、馴れぬ者には中々讀み下せる者でない。むも加様な字躰は古文書古寫本には珍しき例でなく、又先年支那敦煌の石窟あたりから發掘した唐代の古寫經の文字なども、多く此躰であるが、とにかく生やさしい者ではない。それに又、醫籍僊經に特有の語が多くて、此等は數ある字典の熟語中には一も載せられて居ない。(從來の字書は悉皆儒生の手に成つた者で、三史五經諸子百家など大きく云ふが、其實は經書、史書、詩文に止まり、其れ以外の語は一も採錄されて居ず、實に範囲の狹い貧弱なものだ。)加之、誤字、脫字、贅字、錯置などの多きこと實に夥だしきもので、醫學所の醫官總出で、校勘したと云ふが、一躰何を校勘したのか。審檢細勘が聞いて呆れる。凡そ官醫など云ふ者は、歴代祿を食んだ世襲の門閥で、表向きの看板は立派でも、其實は悉く、無學無能の祿盗人許りであつたのだ。（其事は今日も同前で、官學の教授などに陸《ロク》な学者は無い。）　されば其校勘とても末輩の校正共に一任し、自分達は衒揚《ヤウ》子《ジ》で高見の見物をしてゐた者に違ひあるまい。是れ本書に斯くの如く舛《セン》錯《サク》謬《ビウ》誤《ゴ》の多き所以であらう。むも康頼の原本からして恐らく誤舛の多かつた者と推測されるが、あの時代の学問研究を以てしては、無理も無いことだ。缺點を言へば右の如くで、決して善本と折紙を付ける譯には行かぬが、兎に角本書あるが故に、久しく支那にも日本にも流傳を絶つた房中術が、今日再び詳細を窺知し得らるゝ所以であつて、康頼并に之を刊本にした幕府醫學所の功績は、永く沒する譯には行かぬ。葉徳輝の雙梅景本とても同前で、とにかく我輩を啓發した所少からぬことを告白する。

『醫心方』巻第二十八の房内は、至理、養陽、養陰、和志、臨御、五

常、五徴、五欲、十動、四至、九氣、九法、卌法、九狀、六勢、八益、七損、還精、施瀉、治傷、求子、好女、悪女、禁忌、断鬼交、用藥石、玉莖小、玉門大、少女痛、長婦傷の三十章から成り、引用する所の書目は、素女經、玄女經、玉房秘決、玉房指要、洞玄子、抱朴子、千金方、養生要集、産經、大清經、華佗針灸經、范汪方、銀驗方、集驗方、極要方、葛氏方、耆婆方、蘇敬本草注、陶景本草注、劉涓子の二十種に亘り、獨り逸するものは、老子の房中術あるのみだ。されば房中術の如何なる方法も網羅されざるは无く、又いかなる房中藥方も洩さず剰さず蒐集してあり、正に是れ房書の集大成、房中術の大博覽會とも謂ふべく、康頼が苦心と努力の功は、寔に多とすべきである。

但し本書の房方は、老子や『千金方』の如く閑雅幽窅《エウ》なる者でなく、露骨膚淺、思はず背に汗し面を赧《アカ》くせしむるの筆法は、僊道の秘書として如何がと疑はしむる者がある。殊に黄帝と素女玄女達が、果して彼の様な無作法な問答をしたか何うか。恐らく後世の道家が、古人に假託して述べた者では莫からうか。況んや洞玄子などに至つては、文章こそ絢《ケン》爛《ラン》流暢にして美文の妙を竭すが、其實は猥本淫書に類したもので、覺えず眉を顰《ヒソ》めしむる者がある。其他の藥方に至りても、補益を超えて媚藥の域に入るものが多く、好淫貪色の支那人の嗜好に佞り投じた者ではなからうかとの疑念も起らざるには有らぬが、併し熟讀玩味すれば、結局は延年益壽不老長生に資する者であつて、断じて好色耽淫の猥本の類ではない。又これらの書がなくては、老子や孫眞人の房中術を正確に解することは出來ず、ヤハリ秘すべく貴ぶべきである。されば讀者は宜しく正邪を選擇《タク》して、取るべきは取り捨つべきは捨て取捨選擇を愆《アヤ》まつてはならぬ。

我輩は若い頃から何でも古い物が好きで、古書古器物を蒐集するのが一道樂であり、古寫本の研究もすれば、又漢文の校訂譯釋も長らく從事したものであるが、本書くらゐ難物に出會《デクハ》した事もなければ、亦この譯讀くらゐ頭を惱ました事もない。——他書には幾ら難解でも、参考書が澤山あるが、本書にはそんな物が一つも無い。――けれどもジツと心を静めて、逐字的に再三再四繰返して讀み行けば、自づと解釋は付くもので、初めは霞を隔てゝ遠山を望むが如く朦昧模糊たるものも、次第に分明して、宇治の河霧の朝風に晴れ行く如くハツキリし、本書慣用の古躰文字にも馴れて、先づは大躰の譯讀し解釋はついた。文躰は意譯の方が讀者に了解し易く、且は胡魔化すにも都合は好いが、専ら原文の俤を示す爲に、直譯躰を取つた。未だ完璧と自負する譯には行かぬが、先づ夫れに近い者であらう。之を前刷四房書の間違だらけ、胡魔化し勝手の譯文に比すれば、其差豈に啻に霄壌月鼈のみならむやだ。是に於てか丹波氏千年前の苦心も、昭和の今日に初めて酬はれたと謂ふものだ。と思へば我輩も些か慰むべきである。（譯文は字躰を普通に改め、誤舛は之を改め正した。）

本書の刊本は右の一種に止まり、官版の事ではあり、且は時勢も尊王攘夷の論議に海内騒然として人心兢々たる折柄であり、旁々世間に流布することが稀少であつたと見え、今日世に存する者は極めて希れで、我

官版「医心方」の複刻
一九五五年五月中華人民共和国、人民衛生出版社影印にて出版さる。上下二巻。一頁二丁收載の写眞版にて上巻三五二頁（巻十五迄）下巻七一四頁の通し頁にて全三十巻を收む。⓪

輩の知る所では、帝國圖書館に故榊芳野氏（明治初年文部省出仕の博學者）の遺本が二部ある許りで、それも昨冬我輩の方で、第二十八巻を謄寫し終ると共に、同巻の閲覧を禁止した。若し市に出づることあらば、恐らく價格三百金を下るまい。先年金港堂から刊行された『日本醫學叢書』第二册には、本書が採録されてゐるが、惜い哉巻第二十八は削除してある。而も是れすら今は珍書で、滅多に無い。

『千金方』も徳川時代に飜刻されたものが二種許りあり、不完全ながら句《ク》讀《トウ》點も施されてゐるが、書肆に在るもの極めて尠く、『千金方』七八十圓、『翼方』と揃へば百五十圓を下らない。但しフ唐本ならばズット安價で、四五十金で手に入るが、無點の白文。而も醫書道書と來ては、漢學大家とても手に了へない。況んや初學者輩に於てをやだ。尚、序だから言ふが、此唐本の『千金方』は、元と日本の醫學所で嘉永年中、米澤藩主上杉家所蔵の宋板本（元と金澤文庫本）を白文の儘で飜刻したものであるが、維新後漢方が廢《スタ》れて購讀する者が無くなつたので、板木が悉《スツ》

「備急千金要方」前掲の「医心方」と同所にて、一九五五年五月第一次、一九五七年第四次複刊。全一巻。五五四頁。

「千金翼方」之も前頁の「医心方」と同所にて複刻。一九五五年五月刊・全一巻。三六二頁。

皆《カリ》支那へ賣られ、今に彼地で印行されて居るのだ。故に題簽の裏に、「江戸醫學、影北宋本」「光緒戊寅夏五、購自東瀛」と刻してある。光緒戊寅（四年）は我が明治十一年に當り、東瀛とは東海と謂ふが如くで、日本の事を洒落《シャレ》て言つたものだ。外に「金澤文庫」の捺《ナツ》印もある。概して支那では、古書の散佚滅亡せるもの多く、今日上海邊で印刻してゐる古書は、大抵原本を日本から逆輸入したものである。

吐納法に於ては、前刷の「李眞人一十六字妙訣」を除いて『千金方』の調氣法を加へた。尚、補益藥に於ても一二を増加した。要するに紙數に於ても三十餘枚を益し、頗る面目を一新したものである。

附錄の『黄素妙論』は、『醫心方』の房内を解するに於て、缺く可らざる者であるが、委細は其解題に讓つた。又『房中秘法』は日本神道研究會長西原正明氏が、神傳に依り受記せし所で、是れ亦房中術參考として尊いものである。

昭和七年四月廿五日　靈學道場に於て　松本道別識

遊仙窟巻五の一齣

十娘則ち少府と與に鞾《ク》履《ツ》を脱ぎ、袍衣を疊み、幞《カン》頭《ムリ》を閣《オ》き、腰帶を掛け、然る後、綾帔を施《ヌ》ぎ、羅裙を解き、紅衫《サン》を脱ぎ、緑袜《マツ》を去る。花容目に満ち、香風鼻を裂く。心去つて人の制する無く、情來つて自ら禁ぜず。手を紅褌《コン》に挿み、脚を翠被に交へ、兩唇は口に對ひ、一臂は頭に低《タ》れ、奶《チ》房《ブサ》の間を拍《ウチ》搦《タ》き、髀《モモ》子の上《アタリ》を摩挲《ナデナ》づ。一《ヒト》齧《スヒ》に一意快く、一《ヒト》勒《ダキ》に一心傷《イタマ》し。鼻裏痠痜《イキクハシ》く、心裏結繚《ムスボ》る。少時《シバラク》ありて眼華《カスヤ》き耳熱し、脈脹《ハ》れ筋舒《ユル》ぶ。始めて知んぬ、逢ひ難く見難く、貴む可く重んず可きを。俄頃《シバラク》中間《ノアヒダ》に數回相接《マジハ》る。誰か知らむ、可憎《アナニク》の病鵲《ヤモメガラス》は夜半に人を驚かし、薄《ナサケ》媚《ナ》の狂雞《タハレドリ》は三更に曉を唱ぶ。遂に則ち衣を被りて對坐し、泣涙相看る。云々。

はしがき

予が房中術研究の一端を『靈學春秋』并に『健康之友』誌上に發表したのは、過ぐる昭和四年八月及び十月のことで、之が房中術なるものを公然世に發表した嚆矢《ハジメ》と思ふ。元來儒家祕中の祕なるもので、且は官憲の法規に觸るゝの虞《オソレ》もあれば、肝腎の所は原漢文の儘にして一切句讀訓點を施さず、況んや譯釋の如きに於ては、毫も加ふる所が莫つた。故に讀者には何の事やら薩張わからず、之が譯讀註釋を乞ふものが幾十百人に上つた。されど當時予は靈務多端にして到底そんな餘暇なく、且他に思ふ仔細もあつたので、悉く之を謝絶して應じなかつたが、近來中亜の僊界より男女諸仙の來つて道場人に憑《カ》り、直接斯道を教授指導せらるゝこと多く、予も亦多少の閑暇を得たれば、是れ千歳一遇の好機なりと感じ、茲に譯釋講説を思ひ立つた所以である。

予は皇神道の顯揚宣布を以て一代の使命とする者である。然るに横道に逸《ソ》れて、男女閨房の祕事たる房中術の研究指導に従事する如きは、邪道に陥つて墮落腐敗の甚だしき者と非難攻撃する輩もあらうが、さにあらずで、決して邪道でも非道でも無い。元來我邦の皇神道なるものは、彼の佛者の獨居や、天主教の童貞の如き禁慾主義でなく、諸册二神以來、男女《ミトノ》交遘《マグハヒ》の道を以て人間第一の大事と爲すのである。然るに其方法を得ずして身を損《ソコナ》ひ壽を縮め、不幸短命に終るもの多く、或は夫妻相唱和せずして空しく破鏡の嘆を見る如きは、最も痛ましき事では無いか。是れ予の憤起事に茲に從ふ所以で房中術指導も亦これ皇神道顯揚の一手段たることは、敢て強辯でない。されば有緣の求道者にのみ本術を秘密教傳するに就ても、勿論御神許を仰いだのであり、亦僊界より直接指導の事ある如きも、畢竟御神慮に出でしに外ならぬから、決して粗末に扱つてはならぬことを警告する。

房中術の秘書としては『素女經』『玉房秘訣』『玉房指要』『洞玄子』（何れも譯して附錄に收む）などが古來有名なれど、何れも内容が餘りに露骨野卑に過ぎて眞の僊籍とは受取り難く、恐らく後人の假託に成つた者ではあるまいかと疑はるゝ。之に比すれば『老子集語稿』及び『千金方』の房中術は、隠約閑雅にして而も要領を得、眞に斯界の典據《オーソリチイ》たるに背かぬ。殊に老子の房中術は、全篇悉く僊道の術語のみに成り、一見殆んど隱語謎語の陳列たるが如くで、幾百千巻の丹經僊籍幷に古醫書に眼を曝《サラ》した者でなければ、何が何んだか模糊として分明せず、什麼に漢學の大家でも、是れ許りは陳糞漢で齒も立たない。されば古來未だ一人の之に對って註釋を試みた者なく、殆んど其存在さへも知らぬのである。そんな難事業に逢着した我輩の苦心慘憺は知るべきで、隨分骨も折り頭も惱ましたものだ。　が幸ひに案外樂に幾多難語の出典が發見されて正確なる解釋を下すを得、殊に執筆中に續々と斯道の祕書珍籍の入手したる如きは、奇蹟とも謂ふべく、全く神明の加護を感謝するの外ない。

老子のは勿論『千金方』とても、古來註釋書など一も存する者でない。加之《ノミナラズ》、其讀方さへも間違だらけなるには呆れた。案外古人も學問研究の淺薄なるには驚かされる。無論我輩にも判らぬ所はあり、又誤解もあらうとは思はるゝが、とにかく斯道の研究に掛けては、遷人以外には、我輩が古今第一人者たることを断言して憚らぬ。尤も我輩に後れて、昭和六年一月、中野江漢といふ支那學者が『回春秘話』といふ房書を出し（直ぐ發賣禁止）多少研究の見るべきはあるが、大體文獻上の研究に止まり、人體の生理解剖や放射能の理に通ぜぬから、本當のことは判らぬ。

「夫婦間の房中術」や「獨自的房中術」は、清玉仙人や西王母大仙、素女仙等の指導に負ふ所勿論多いが、大體に於て我輩の考案工夫に成つた者なることは断つて置く。

吐納法幷に導引法に就ては、我輩の『靈學講座』に詳細叙述してあるから、僊家の二四を譯して載するに止めた。是非右講座を參照せられむことを希望する。観念法や観想法に就ては勿論のことである。

補益藥に就ては、實際必要にして容易に得らるゝ者だけに止め、博引旁捜は已めた。我輩も漢方藪醫の悴で、家には多少の古醫書を藏して居るが、耳遠いものや得難いものは、諸君に益する所が無から載せぬ。その代り載せた藥品だけは、必ず諸君の需めに應じて取次もすれば紹介もする。

房中術の秘法秘傳は、決して本書所載に盡きた譯でないが、紙數と日數とが、共に餘りに豫定を超過して餘裕なき故、大概にして措いた。之を諒とせられたい。

附錄に載せた四書は、上述の如く怪しき節もあるが、とにかく隋唐《ズヰタウ》以前の書で、我邦にも平安朝の初期に流傳し、永觀中、鍼博士丹波介康賴の著した『醫心方』の第二十八巻に、分類して悉く收めてある程だから、古書には相違なく、房書としても頗る價値あるものだ。(金港堂發行『日本醫學叢書』には、惜い哉此二十八巻だけが削つてある。)只惜むらくは文字の誤謬多く、配列の如きも頗る舛《セン》錯《サク》攙《サン》入《ニフ》の疑ふべき者がある。殊に譯文を他人に託したる故、予の意に協はざる所も多々あるが、何分之を充分に校訂する遑の無かつたのを遺憾とする。若し他日機を得ば、善本と對比して完全に訂正せむことを希ふるのである。

本書は公刊すべき性質のもので無いから、凡て筆寫に付する豫定であつたが、厖《バウ》大に過ぎて到底筆寫の及ぶ所でないから、謄寫版を以て筆寫に代用し、僅に會員に頒《ワカ》つだけを手刷したのである。何分素人業である上に、活字の如く校正することが出來ぬので、誤謬の多い段は幾重にもお詫びする次第である。願はくは恕せよ。

昭和七年二月　日

靈時山莊に於て　松本道別識

延年益壽秘經目次

醫心方房法

附録

延年益壽秘經

靈學道場主　松本道別謹述

小引

房中術は僊家秘中の秘であつて、濫りに世に流傳すべき性質の者でなく、其人を得るに非ざれば絶對に傳へてはならぬのである。殊に本房中術は單に道書仙籍の文献に據る研究許りでなく、直接東亜の諸仙界より本道場に憑つて指導教傳せられた秘法秘術も尠からずあり、今回特定の人を限つて傳授するに至つたのも凡て神慮に出でたのであるから、其邊の消足を深く肝に銘じて最も愼重に取扱ひ、斯術の濫用は勿論、断じて他見讓渡などの事があつてはならぬ。固より艶本笑畫の如き單なる淫猥悦樂を主眼とする陋劣なるものとは目的を異にし、延年益壽不老長生の神聖なる大事を成就する爲の崇高森嚴なる秘法であつて、彼と此とは天と地、お月様と泥鼈《スッポン》程の差があれど、何分房中交接の秘事に渡ること故、濫りに之を流傳するに於ては、官憲より風俗壊乱を以て律せらる丶の虞《オソレ》なきにしもあらねば、最も祕中の祕とし、自己以外は親兄弟と雖も絶對に披見させてはならぬ。（但し夫婦間のみは除外）されば此一事は豫め最も嚴重に警告し置くのである。

尚一つ注意すべき事は、僊道修養者が淫事に屬する房中術まで實行して不老長生を希ふものは、徒らに長生して性慾を貪り淫樂を恣ま丶にせむが爲ではない。元來吾人の靈魂は天神より賦與されたもので清浄潔白なるべき筈のものだが、悲しい哉濁世に浮沈して薫習の久しき、頗る汚染溷濁して雜念妄想無明煩惱に満され、其儘では到底清浄なる神の世界に入らるべくも無い・又吾人の靈魂は神の分靈とは云へ、元々極めて小さく弱くして微力甚だしき者である・故に死後上層なる神の世界に入らむとするには、浄化作用と擴大作用が必要であつて、其爲に種々の苦行もすれば修養もし、以て年を延べ壽を益して不老長生しつ丶向上の一路を辿るのだ・彼の淫好飽くなき富豪どもが、金と女には不自由なきも、年老い精氣衰へて閨房のことが思ふに任せぬ所から若返り法を冀ふのとは、断じて目的が違ふのである。是れ孫真人の『千金方』にも「此方の作《おこ》るや、淫佚を務めて苟も快意を求めむと欲するに非ず。務めて欲を節し、以て養生を廣くするに存する也。苟も身力を強くして女色を幸し、以て情意を縦ま、にせむと欲するに非ず。補益して疾を遣らむとするに在る也。此れ房中の微旨也。」と深く誡めてある所以だ。偏に誤解なきことを祈る。

傍点　原文のマヽ　⓪

不老長生の實例

生。老。病。死。は之を四つの苦。に數へて人生の免がれ難き必趨の運命と觀じてゐるが、わが僊家の方では此四苦を超脱して能く不老不死ならしむるのである。尤も僊家には、天仙、地仙、屍解仙の三階級があつて、屍解仙は一旦肉體を離脱する故、凡人から見れば死の如く思はれるが、實は死んだのでないから後に肉體を遺さない。（縦へば日本武尊の棺槻《ヒツギ》に只明衣を留めて屍骨なき、張子房の墓に但黃石を見て屍形衣冠を見ざる、基督の刑戮後三日にして復活昇天せる如きだ。）而して僊界に入つて地仙となつて長生し、功成れば遂に昇天して天仙となるのである。地仙には屍解仙たらずに凡體の儘山に入つて成つた者もある。地仙の年齢は一定せぬが、それは入山の時の誓願によることで、百年が俗界の一年に該當するそうだから、千年二千年は瞬く隙だ。天仙とは天津神の一部で、我が菅公の天満大自在天神、老子の太上老君の如きものである。

右の如き次第であるから、不老不死とか長生久視とか云ふことは決して噓でなく、神武天皇の詔に、天祖降臨以來三代の年數を一百七十九萬二千四百七十餘歳と宣はせ給ふのも、猿田彦命が伊勢の五十鈴の川上に在ること二百八萬歳、其間伊賀國に在ること二十四萬歳といふのも、必ずしも妄誕不稽の傳説のみと見ることは出來ない。が、そんな耳遠いことは容易に現代人の理解には入るまいから、近い時代で實際の例を擧ぐれば、イーストン氏は千七百十二人の長壽者の例を集めて左の表を示した。

百歳　乃至　百十歳	千三百十人
百十歳　乃至百二十歳	二百七十七人
百二十歳乃至百三十歳	八十四人
百三十歳乃至百四十歳	二十六人
百四十歳乃至百五十歳	七人
百五十歳乃至百六十歳	三人
百六十歳乃至百七十歳	二人
百七十歳乃至百八十五歳	三人

又カスペル氏も近代に於ける長壽者を調査して左の表を作成した。

百歳　乃至百十歳	男十八人	女十二人
百十歳　乃至百二十歳	男十二人	女　五人
百二十歳乃至百三十歳	男　二人	女　四人

百三十歳乃至百四十歳	男	六人	女	三人
百四十歳乃至百五十歳	男	十人	女	七人
百五十歳乃至百六十歳	男	六人	女	無
百六十歳乃至百七十歳	男	二人	女	二人
百七十歳乃至百八十歳	男	四人	女	二人

右等の例を以て推せば、支那の彭祖や日本の若狭比丘尼の八百歳或は武内宿禰の三百歳の如きは別問題とするも、「人生七十古來稀」など誦したのは大間違ひである。然るに翻って省みれば、我輩の舊友は多く文士學者教育者であつたが、（今は一切俗界と交らず）大抵五十乃至六十歳の間に斃れて遺り少く、轉た寂莫の感に堪へぬに引換へ、さすがに靈界に籍を列ねる連中は、百鬼夜行とか香具師とか山師とか平生罵倒はするもの丶、我輩の知る範圍で甚だ死亡者の少きは、とにかく攝生の如何が夭壽に深き關係あることを物語るのではあるまいか。

長壽と生殖力の關係

玆に注意すべきことは、長壽者の多くが何時迄も生殖力の旺盛なることである。例へば、一八〇一年に百二十歳で死んだドーグラスは三回結婚をなし、最後の結婚は八十五歳であつたが、爾後八人の兒を生み、一七九六年に百十四歳であつたグランは當時三十歳の第三の妻と同棲し、妻は性的に滿足して生活したと傳へられ、一七七〇年に百四歳で逝いたパラフィチノー・チユー・カペリスは八十四歳で第四の妻を娶つて八人の兒を産んだと云ひ、一六三五年に百五十二歳で死んだパルレーは、百二十歳で或後家さんと結婚し、爾後十二年同棲してゐたが、萬事青壯年者と同様で毫も老衰を認めぬと妻が語つたと云はれ、一七七三年に百四十六歳で死んだドランケンベルヒは、百三十歳の時一農家の少女に戀したと云ふし、一七九七年に百六十歳で死んだヨゼフ・スルリングトンは、死に際して若き愛妻と稚子を遺したとの事であるし、英人トーマスは百五十二歳で後妻を迎へて、尚精氣勃々であつたと妻が告白したと云はれてをる。現に先年世界漫遊の途次日本にも立寄つた百五十四歳の土耳古人ザロ、アガは、十一人目の妻を離婚して十二人目の新婦を求むる求婚廣告を出したと新聞に傳へられ、其後之を實行したとの新聞《ニュース》があつた。東京駒込神明町の百六歳の老人は、長壽法を尋ねた東朝記者に對して「不老長壽の祕訣は色慾を愼むにある。故に俺は九十歳以後嚴に房事を禁じてをる。」と大眞面目に答へたと云ふことだ。又數年前物故した大倉男爵なども、九十歳の高齢で、大連大和ホテルの樓上で若い附添婦人に手を出して物議を招いたことがある。之は不老長壽上頗る注意すべき要點だ。

之は内緒の話であるが、東京大震災前、薩摩琵琶錦心流の家元故永田錦心（靈學では予の門下）が大倉邸の内部を悉皆見せて貰つた事があるが、喜八郎老男爵の寢室が、床の掛物袋戸棚、襖から合天井に至るまで悉く春畫で滿され、艶本笑書が書棚に堆高く積まれてあるには驚かされたと語つたことがある。清朝の末路に威福を肆まゝにした西太后なども同じ事で、明治三十三年の北清事變に日本軍が北京の宮殿に侵入した時、七十餘歳の西大后の居室が春畫で満されてあつたといふことだ。昨年九十二歳で物故した澁澤子爵なども、七十代の頃には、一晩も女なしには寝られぬと聞いてゐたが、八九年前第一銀行の小使頭某が我輩の宅に來訪した折「さすがの澁澤さんでも、モウ女に用はあるまい」と言へば「さうでも有りませんよ。まだチョイ〱本郷五丁目の妾宅へ自動車を駐める事がありますよ」と云つて笑つてゐた。凡て長壽者に性慾は附物で、何れも内々多少は房中術を實行してゐるのだ。

不老長生の第一義

大づかみに云へば生物の目的は生存と生殖で、孟子が「色食は性なり」と喝破したのも此意味に外ならぬ。生物の何物も不老不死を希はざるは莫いが、それは自然界の大法として到底不可能であるから、種族保存上次代の繼續者を造らねばならず、是に於てか生殖の必要を生ずる。故に一切の生物は生殖を終れば老衰枯死するもので、生殖期中は死ぬ譯に行かぬ。こゝが不老長生に對する僊家の目の附處で、保精的房中術の案出された所以だ。

僊家の不老長生法としては、第一吐納、第二補藥、第三導引、第四保精の四大秘法があるが、前文の如き次第で、生殖力を旺盛にして衰耗せしめぬことが不老長壽の第一條件であるから、先づ保精法に就いて述ぶるとしよう。

『長命術』の著者ドクトル、フー・フェーランド氏曰く、「長命の要素は生殖作用に關する機官組織の完全なることと也。人若し其精液を以て排泄物に過ぎずとせば甚だ過れり。是れ實に自己の生命持續の爲に最必要物件たり。」と又曰く、「生命を與ふる力を有する者は、己れ自ら生命を有すること疑ふ可らず。それ生殖液は生物を出す力を有せり。實に生活力を集中せる者と謂ふべし。されば自己生活の爲にも、之に優れる營養物は他に求むべからず。されば生殖的精液の浪費ほど生活の元氣を奪却する者なく、之を貯蓄すれば非常に精力を増して元氣満々たるなり。是れ古來長命者の一般に生殖力に富み、百歳以後尚結婚して壯者を凌ぐ所以なり」と。これは全く疑ふ可らざる實際的眞理であつて、之に裏書したのが佛國神經病理學者ブラウン・セカール氏である。氏日く、「外方に分泌物を送り出すと否とを問はず、凡ての腺は內方血液に向つて物質を送り出すものにして、此物質が缺損すれば病的症狀の生じ來る。就中生殖腺より血中に與へる物質は、全身の營養に最も重要なるものにて、老衰の爲に生殖機能の退行するに非ずして寧ろ生殖腺分泌機能の退行の結果が老衰なる現象を生ずるなり」と。而して氏は當時七十二歳の老翁にして心身共に老衰してゐたが、之を補ふ爲に、動物の睾丸エキスを注射して若返つたと云ふことである。けれども此方法には段々反對が起つて、間もなく獨逸學者に誤謬を指摘され、其流行は一時に止まつた。其他スタイナハの輸精管結紮の如きも今は學界から排斥され、回春の効果も的確でなかつた。凡て斯くの如き回春法は一時的のもので不老長壽にはならぬが、方法はとにかく、理論は完全で間違ない。

精液の保持

男子の金看板は睾丸である。之あるが爲に男性的の威容と勢力を保つことは、獨り人間に止まらず、禽獸界までも同じことだ。而して近代の科學者は、之を精液内のホルモン、即ち内分泌の作用に歸するが、内分泌を行ふ細胞は生殖細胞とは自から別で、それはエッキス線の反覆照射によつて精液内の生殖細胞を悉く撲滅するも、尚且性的特徴を維持し、又性慾も決して減退しないので分る。故に一部の小賢しき學者どもは只管ホルモンに重きを置いて、生殖細胞を無視し、エッキス線療法、臟器療法、又は輸精管結紮の如き方法を用ゐるが、フェーランド氏の喝破せる如く、生命を與ふるものは自ら生命を有し、且最も生活力を集中してゐるものだから、吾人の生活力を維持して益壽延年ならしむるには、是非ともこの生殖細胞ある精液を保持し旺盛にすることに努めねばならぬ。

（近來營養素として胚芽胚葉に重きを置くも此理）それは古來長壽者が、何れも百歳を超えて、生殖力の依然旺盛なるでも知らるゝのではないか。かの單なる性慾刺戟剤の如きは、一時的昂奮によつて徒らに貴重なる精液を浪費せしむるのみで、却老益壽には糞の役にも立たず、反つて有る天壽をも暴殄《バウテン》するものである。當世流行のヨヒンピンやトッカピン、乃至は昔の長命丸、鈴《リン》の丸、烏頭《ウヅ》、附子などは百害あつて一利ない。（古來支那には睾丸保護法として搦弄の術があり、日本ではお玉袋と称する睾丸の袋があつた。委細は後に讓る。）

僊家にも二種の修養法があつて、僊術といふのは、之を得れば天を翔り地を潜り、龍に駕し雲に乘り、千變萬化を極むるのであつて、それには種々の秘法もあり、又金液丹液などの最上靈藥も服用せねばならぬが、延年益壽長生久視の方は、それ程難しいことではなく、服氣、服藥、導引等もあるが、第一は保精である。故に孔子も「少き時は血氣未だ定まらず。之を戒むること色に在り。」と警告し、孫思邈の『千金方』にも、

「人年二十《ナル》者《ハ》四日《ニ》一泄《エイス》、三十《ナル》者《ハ》八日《ニ》一泄《ス》、四十《ナル》者《ハ》十六日《ニ》一泄《ス》、五十《ナル》者《ハ》二十日《ニ》一泄《ス》」と房事の數を制限し、更に六十なる者には精液を閉ぢて泄す勿れと、戒め、若し體力猶壯んなる者には僅に一月一泄だけを許してゐる。而して曰く、「凡そ精少ければ病み、精盡くれば死す。思はざる可らず。愼まざる可らず。」と。真に至言であつて、愛《ヨシム》精と云ふことは養生の第一義であるが、まだ消極的であつて積極的でない。積極的保精法としては、道學先生を驚倒せしむる奇想天外の秘法房中術があるのだ。

生氣の保持

支那では道家醫家共に精氣といふことを云ふが、之は單なる精液といふ意味でなく、精液と氣即ち予の所謂人體放射能とである。而して精液は生活力を集中する所の生殖細胞たる精子を保有し、其内分泌たるホルモンは（このホルモンに依つて吾人の生命を維持する一要素たるのだが）生殖細胞より分泌するもので、前に云ふ單なる性慾刺戟や性的特徴維持のホルモンとは自から別）その精液を養って精子を活躍せしめ、ホルモン分泌を熾んならしむるものは氣である。即ち精を保つことは畢意氣を保つことで、房中術の秘密も其處にあるのだ。但し氣即ち人体放射能が生命の原動力であることや、又その發動法や觀念呼吸の行氣法など、到底こゝで説明の餘裕がないから、未知の人々は我輩の『靈學講座』を一覽せられたい。

氣といふのは餘程大たばな概括的の語で、天地正大の氣といふ如きから、空氣、電氣、磁氣、エーテル、放射能など色々含まれてゐるが、大摑みに之を氣と称して、さて其氣には生氣と死氣とがあり、（大清經云夫氣之爲理。有内有外。有陰有陽。陽氣爲生。陰氣爲死。從夜半至日中外爲生氣、從日中至夜半内爲死氣。凡服氣者。常應服生氣、死氣傷人。云々）一年にすれば春夏は生氣で秋冬は死氣、一日にすれば午前は生氣で午後は死氣であり、僊家でも神道でも、何れも生氣を吸收して死氣を忌むものだ。又人間の氣にしても、放射能の物理的試驗には多いか少いか以外に別段差異は無いが、老弱男女によつて生活的價値には種々の相違あるもので、蔬菜肉類などの若く新鮮なるものに營養價値を認むるのも理は一つだ。即ち氣が老ゆれば血も老い、血が老ゆれば筋骨も老ゆる譯で、遂に衰頽して死の轉帰を取るのであり、之に反すれば回春して若返り、年を延べ壽を益すこと、『太仙眞經』に所謂「但精を愛み握固して氣を閉ぢ液を呑まば、氣化して血と爲り、血化して精と爲り精化して神と爲り、神化して液と爲り液化して骨と爲る。」如きものであらう。

西洋の養老術

西洋にも古代から傳來の養老術《ゲロヨミツク》なる者があり、右の理を應用して青年の活氣を衰頽した老人の軀に融通し、以て其生活的元氣を若返らすと云ふのであつて、イスラエル王ダヴイッドが此法を利用したことは有名なる譚である。又近代では、ライデン大學敎授ボエル・ハーフエイ氏が此法を應用して、阿蘭陀アムステルダムの老市長に勸め、二人の青年の間に臥ることに因つて著しく老軀に元氣を生ぜしめたと云ふことだ。其他希臘・羅馬の古代にも、少年少女に息を吹きかけさせて一種の長壽法としたと云ふことが傳へられて居る。故伊藤博文公なども好んで若い半玉などと同衾したのは、「色を漁するのでなくて若い氣を吸取る爲だ」と辯解してゐたと云ふことだ。無論こんな事も多少回春法に効果のないでも無いが、極めて迂遠な方法であつて、房中術などには掛けても及ぶ所でない。又房中術には及ばなくとも、青年男女を利用して我が人体放射能療法の輸氣法を身體の要所々々に行はしむれば、其効果は極めて確實で、何時迄も若い氣を保ち、不老長壽を保つこと疑ひなしだ。尤も之は、得べくんば男子には女少年が好く、婦人には男青年が宜しい。房中術の特効も第一は其處にあるのだ。

房中術の起る所以

混沌たる太元の一氣が別れて陰陽の二氣となり、二氣交流して萬物を成すことは、東洋古哲の齊しく承認する所で、西洋の性理學派《メタフイジツクス》の哲學者も「陰陽は天地の大本、万物活動の根源」と喝破してをる。之を日本の神典に當てはむれば、太元の一氣は天之御中主神で、陽陰二氣は高皇産《タカミムス》靈《ビ》神、神皇産靈《カミムスビ》神に當り、又伊邪那岐、伊邪那美の兩神に當る。故に僊人など云へば、只寂然として深山幽谷に獨棲し、一切性慾を絶つて但精を愛み神を守る木念人のみかと思へば大違ひで、老子も「男は女無かる可らず。女は男無かる可らず。強ひて閉づ可らず。」と教へ、長生の本家本元の彭祖は「男女相成すは猶天地の相生ずるが如し。神氣を導養するは人をして其和を失はざらしむる所以なり。天地交接の道を得、故に終竟の限りなし。人交接の道を失ふ、故に傷殘の期あり。能く衆傷の事を避け陰陽の術を得ば則ち不死の道なり。」とて不老長生の第一義を、男女交接の道を得ることに帰してゐる。これが房中術の起る所以だ。

房中術と男女仙

彭祖は服氣、服薬、導引などの外に房中交接の道を得てゐたので、人界にあること八百年、其間に四十九妻を喪ひ、五十四子を亡くしたと云ふことだ。生殖力の旺盛以て知るべきだが、道家の祖神とも仰がるゝ黄帝は今一段と上手で、一千二百女を御して登仙したと傳へられ、其師匠の容成公もヤハリ斯道の豪の者で、「補導の事を善くし、精を玄牝に取る。其要は神を谷《ヤシナ》うて死せず、生を守り氣を養ふ者なり」と『列仙傳』にあるからは、房中術を行ったに相違ない。其他仙人道士の房中術を行った者は枚擧に遑あらずだ。又秦の始皇や漢の武帝なども此方の執心者で、「三君の房中術」など云ふ語さへある。が房中術を行ふ者は男子に限られたと云ふ譯でなく、同じ列仙傳に出てゐる女几といふ婦人は陳の市上で美酒を酤《カ》ってゐると、一僊人が通り合せ、金が無いので所持の『素書』五巻を質として酒を飲んで行った。そこで女几が其書を視ると養性交接の術が述べてあるので、更に房室を設けて諸年少を納れ、美酒を呑んで諸年少と與に止宿し、例の交接の術を行ふに、爾來三十年を過ぎても、依然として顔色は二十位ゐの若さであつたと云ふことだ。

婦人の房中術に就いて尚二三を述べむに、女仙界の總取締たる崑崙玄圃の西王母は、畏くも我が伊邪那美命の分靈と云ふことで、尊貴此上なき大女仙であるが、それでも尚且房中術を行はせらるゝ者と見え、冲和子は「王母は夫なく、好みて童男と交はる」と『玉房祕訣』に述べて居る。其侍女の素女仙は素より斯道の達人で『素女經』と云ふ房方第一の書があり、九天玄女なども亦同配下の女仙として斯道に名がある。（以上諸仙、皆わが道場人に憑りて斯術を指導せらる。）次にチト風変りなのでは、漢の武帝の祀つた神君である。之は元と長陵の女子で、人に嫁して一男を生んだが、數歳にして死したゆゑ、頗る悲痛哀悼して自らも亦死んだ。然も死して神を宛若なる者に見《シメ》したので、宛若は之を我家に祠つた所、中々靈驗があつて參詣が多いので、武帝は始め之を上林中の蹏《チイ》氏觀に置き、後には壽宮に遷して祠つた。この神君には頗る妙な現象があつて、例の岸一太の明道會の明道靈兒の如く空中發聲を為すのであつた。即ち何か伺へば、空中發聲でお告げがあるのだ。故に『史記』の孝武本紀に「其言を聞き其人を見ず」とも又は「見るべきに非ざるも、其言を聞けば人言と等し。時に去り時に來り、來れば即ち風粛然たり。室の帷中に居り、時に書言ふ。然れども常に夜を以てす。」などとも出て居る。而して『漢武故事』に據れば、將軍霍去病《カクキョヘイ》が患臥した時、武帝は命じて神君に祈らしめた。すると神君は姿を現はし、自ら修飾して霍去病と交接せむことを求めたので、病は驚き怒つて之を拒み、復たと祈りに往かなかつたが、疾が急に重くなつたので、武帝が再び神君に祈らせた所、神君の言ふには「霍將軍は精氣乏しく壽も長くないから、吾は太乙精(空中交接に依つて傳ふる一種の精氣也。我道場人の見る所に據れば、薄紫にして其形に變化あり、名狀す可らず。)を以て補ひ年を延べて遣らうとしたが、將軍は此意を曉《サト》らず斷絶したから、死は必すべく、救ひ様が無い。」と答へたが、果して病は死んだ。そこで武帝は其祕術を受けて實行し、大に効があつたと云ふことだ。この太乙精に就ては後に説く所があらう。尚女子で房中術を行った者には、春秋時代の鄭《テイ》の夏姫、漢の成帝の皇后趙飛燕、唐の則天武后など數限りも無いが、何れも淫婦であるから感心せぬ。

房中家彭祖の傳

彭祖は房中術を以て八百歳の壽を保ち、殆んど房中家代表の觀があり、且傳中に所謂『彭祖經』なるものを収めて、不老長生と房中術の眞意を道破してあるから、『神仙傳』に依り其全傳を譯出する。

彭祖は姓は籛、諱は鏗《カウ》、顓頊《センギョク》の玄孫なり。殷の末已に七百六十七歳にして衰老せず。少にして恬《テン》靜を好み、世務に卹《ナツ》まず、名譽を營まず、車服を飾らず、唯養生治身を以て事と為す。王（殷王）之を聞き以て大夫と為す。常に疾と称して閑居し、政事に與からず。補導の術（房中術）を善くし、木桂、雲母粉、麋角散を服す。常に少容あり。然れども性沈重、終に自ら有道を言はず。亦詭惑變化鬼怪の事を作さず。窈然（深く静なる貌）無爲。少《シバ》らく周遊し、時に還《マタ》獨行す。人其の詣る所を知る莫し。伺候すれども竟に見えざる也。車馬あれども常に乘らず。或は數百日、或は數十日資糧を持たず。家に還れば則ち衣食すること人と異る無し。常に氣を閉ぢて内息し、旦より中《ヒル》に至る。乃ち危坐して目を拭ひ身體を摩搦し、唇を舐め唾を咽み、氣を服すること數十、乃ち起行言笑す。其體中或は疲倦して安からざれば便ち導引し、氣を閉ぢ、以て患ふる所を攻む。心其體に存して、九竅《ケウ》（人間に九つの穴あり。頭に在るもの七つを陽竅、下にある二つを陰竅と云ふと。）五臟、四肢より毛髪に至るまで、皆具さに其氣の體中に雲行するを覺ゆるに至らしむ。故に鼻口より十指の末尋に達し、即ち體和す。王自ら往いて問訊すれども告げず。珍玩を遺ること前後數萬金、而も皆之を受けて貧賤に恤み、留むる所無し。采女なる者も亦少しく道を得、養性の方を知る。年二百七十歳、之を視るに五六十歳の如し。王之を掖庭（宮中の奥庭）に奉事し、爲に華屋紫閣を立て、飾るに金玉を以てす。乃ち采女をして輜《シ》軿《ヘイ》（婦人の乘る幌のある車）に乘り、往いて道を彭祖に問はしむ。既に至りて再拜し、延年益壽の法を請ひ問ふ。彭祖曰く、形を擧げて天上に登り、仙官に補せられむと欲せば、當に金丹（金液丹液にて仙化の最上藥也）紫烝《ゃ》を用ひ、太一を召すべし。白日昇天する所以なり。此道至大、君主の能くする所に非ず。其次を爲し、當に精神（精化して神と爲るの精と神と也）を愛養し、藥草を服すべし。以て長生す可し。但、鬼神を役使し　虚に乘じて飛行し能はざるのみ。身交接の道を知らずば、縦ひ藥を服するも無益なり。能く陰陽を養ふの意、之を推して得べし。但思言せざるのみ。何ぞ怪しみ問ふに足らむや。吾れ遺腹にして生れ、三歳にして母を失ひ、犬戎の乱に遇ふ。西域に流離すること百餘年、加ふるに少枯を以てし、四十九妻を喪ひ、五十四子を失ふ。數〻憂患に遭ひ、和氣折傷し、肌膚澤《ツヤ》かならず、榮衛（体内を循る榮氣と衛氣）焦枯し、世を渡らざるを恐る。聞く所淺薄にして宣傳するに足らず。大宛山（西域大宛國に在り）に青精先生なる者あり。傳へ言ふ千歳と。色は童子の如く、歩行日に五百里を過ぐ。能く終歳食はず、亦能く一日に九食す。眞に問ふ可き也。

釆女曰く、敢て問ふ、青精先生とは是れ何の仙人なる者ぞや。彭祖曰く、道を得る者のみ。仙人に非ざる也。仙人なる者は、或は身を竦《スク》めて雲に入り、翅無くして飛び、或は龍に駕して雲に乗り、上は天階に造り、或は化して鳥獸と爲り、青雲に遊浮す。或は江海に潜行し、名山に翱翔し、或は元氣を食ひ、（我が所謂氣食也）或は芝草（石芝、木芝、草芝、肉芝、菌芝など之を服して千万歳を得る靈藥也）を茹《クラ》ふ。或は人間に出入して人識らず。或は其身を隱して之を見る莫し。面異骨を生じ、體異毛あり。率ね深僻を好み、俗流と交らず。然れども此等は不死の壽ありと雖も、人情を去り榮樂に遠し。若し雀化して蛤と爲り、雉化して蜃《オホハマグリ》と爲らば、其本眞を失ひ、更に守氣を異にせむ。余の愚心未だ此を願はず。已に道に入らば、當に甘旨を食ひ、輕麗を服し、陰陽に通じ、官秩に處るべきのみ。骨節堅彊、顔色和澤、老いて衰へず、延年久視、長く世間に在りて寒温風濕傷ふ能はず、鬼神衆精敢て犯す莫し。五兵（戈、殳《シュ》、戟、酋矛、夷矛、の五兵器也）百蟲近づく可らず。嗔喜毀譽累を爲さず。乃ち貴ぶ可きのみ。人の氣を受くるや、方術を知らずと雖も、但之を養うて宜しきを得ば、常に百二十歳に至らむ。此に及ばざる者は傷ふ也。小しく復た道を曉らば、二百四十歳を得べく、之を加へて四百八十歳に至る可し。其理を盡す者以て死せざる可し。但仙人と成らざるのみ。養壽の道、但之を傷ふ莫きのみ。夫れ冬温夏涼にして四時の和を失はざるは、身に適する所以なり。美色淑資、幽閑娯樂にして思慾の惑はざるは、神に通ずる所以なり。車服威儀足るを知りて求むる無きは、志を一にする所以なり。八音（金、石、糸、竹、匏、土、革、木の八音也）五色（青、黄、赤、白、黑）以て視聴を悦ばすは、心を導く所以なり。凡そ此れ皆以て壽を養ふ。而して之を斟酌《シンシャク》する能はざる者、反って患へを速《マネ》く。古への至人、下才の子事宜を識らず、流遯還らざるを恐る。故に其源を絶つ。故に上士は牀を別にし、中士は被を異にす。服藥百裹《ツツミ》なるも獨臥に如かず。五音人をして耳聾ならしめ、五味人をして口爽かならしむ。

苟も能く其宜適を節宜し、其通塞を抑揚する者は、以て年を減ぜず、其益を得る也。凡そ此類、譬へば猶水火之を用ふる過當なれば反つて害を為すごとき也。其經脈の損傷、血氣の不足、内理の空疎、髓腦の不實を知らず。體已に病む、故に外物の犯す所と為り、氣寒酒色に因りて之を發するのみ。若し本充實せば、豈病有らむや。夫れ遠思彊記は人を傷ふ。憂喜悲哀は人を傷ふ。喜樂差《シャ》に過ぎ忿怒解けざれば人を傷ふ。汲々たる所願は人を傷ふ。陰陽不順なれば人を傷ふ。傷ふ所有る者數種、而して獨り房中を戒む。豈謬らずや。猶天地相生ずるが如き也。所以に神氣導養せば、人をして其和を失はざらしむ。天地交接の道を得。故に終竟の限り無し。人交接の道を失ふ。故に傷殘の期有り。能く衆傷の事を避け、陰陽の術を得ば、則ち不死の道也。天地は晝分れて夜合ひ、一歳三百六十交にして精氣和合す。故に能く萬物を生産して窮まらず。人能く之に則らば、以て長存す可し。次に服氣あり。其道を得れば則ち邪氣入るを得ず。治身の本要たり。其餘、吐納、導引の術、及び體中の萬神を念ず。

舍影、守形の事一千七百餘條、及び四時の首向、責己謝過、臥起早晏の法あり。皆眞道に非ず。以て初學者を教へ、以て其身を正す可し。人精を受け、體を養ひ、氣を服し、形を煉らば、則ち萬神自から其眞を守らむ。然らずば則ち榮衞枯悴し、萬神自から逝き、悲思留むる所の者也。人、道の爲に其本に負かず、而も其末を逐ふ。告ぐるに至言を以てするも而も信ずる能はず。約要の書を見、之を輕淺と謂ひて盡く服誦せず、夫《カ》の太清北神中經の屬を觀る。此を以て自ら疲れ、死に至りて益無し。亦悲しからずや。又人多事に苦しみ、少くして能く世を棄て、獨り往いて山居穴處する者、道を以て之を教ふるも、終に行ふ能はず。是れ仁人の意に非ざる也。但房中を知つて氣を閉ぢ、其思慮を節し、飲食を適せば、則ち道を得る也。吾が先師、初め九節都解指韜形隱遯无爲開明四極九室の諸經萬三千首を著し、以て始めて門庭に渉る者に示すを爲すと。采女具に諸要を受け、以て王に教ふ。王之を試みて驗あり。殷王彭祖の術を傳へ、屢〻之を祕せむと欲す。乃ち令を國中に下し、祖の道を傳ふる者あれば之を誅す。又祖を害して之を絶たむと欲す。祖之を知り乃ち去。之く所を知らず。其後七十餘年、人流沙（西域の沙漠地方）の國西に之を見るを聞く。王彭祖の術を常行せざるも、壽を得る三百歳、氣力丁壯、五十の時の如し。鄭女を得て妖婬し、王道を失うて殂す。俗間に言ふ、彭祖の術を傳へて人を殺す者は、王之を禁ずるの故に由る也と。後、黄山君なる者あり。彭祖の術を修め、數百歳猶少容あり。彭祖既に去る。乃ち其言を追論して『彭祖經』と爲す。

老子の房中術

房中術は延年益壽の一方法であつて、不老長生法の全部ではない。故に之を實行するに當つては、是非とも吐納（呼吸法）導引（按摩法）及び補藥（補精藥）に通じ、殊に吐納法に熟し、且之を不斷に實行する事が最大急務たるを知らねばならぬ。身體虚弱にして精氣の乏しき者は、補藥を服して一物の脹力を盛んにせねば、房中術實行は不可能である。されば房中術を説くに先んじて、まづ吐納、導引、補藥の三方を講述するのが順序であるが、諸君の熱望する所は何れも房中術にあるから、其希望を容れて、兎も角房中術を以て第一にし、吐納、導引、補藥の三方は序を追うて之に次ぐ事とする。けれども諸君は先づ吐納法に通じて、行氣を自由自在にすることが最も肝要であり、其上觀念法にも熟して不隨意筋を隨意に働かす位ゐの伎倆《ウデ》が無くては充分でない。尤も本道場の甲乙兩種會員諸君は、己に此等の諸法に就ては修行済であるから、煩《クド》くも言ふには當るまい。會員以外の人々は、我輩著述の『靈學講座』を是非一閲あらむことを勧奨する。

老子は『老子道德經』五千言の著者として有名なることは申す迄もないが、世人の思惟する如き單なる大思想家とか大哲人とか云ふに止まらず、神仙界(北辰紫微宮)に於ては太上老君といふ大神仙であつて、數々人界に降つて教化を垂れ、上三皇の時の化身を玄中法師、下三皇の時の化身を金闕帝君、伏羲の時の化身を鬱華子、神農の時の化身を九靈老子、祝融の時の化身を廣壽子、黄帝の時の化身を廣成子、顓頊《センギョク》の時の化身を祿圖子、堯の時の化身を務成子、舜の時の化身を尹壽子、夏禹の時の化身を眞行子、殷湯の時の化身を錫則子、文王の時の化身を文邑先生、一に守藏史と云ふなど實に千変万化であつて、決して尋常人の英雋《セン》とか奇才とか云ふ如き者の比では無いのである。尚又、劉向の『列仙傳』には容成公を傳して「容成公は自ら黄帝の師と称し、周の穆王に見ゆ。能く補導の事を善くし、精を玄牝に取る。其要は神を谷《ヤシナ》ひて死せず。生を守りて氣を養ふ者也。髮白くして更に黒く、齒落ちて更に生ず。事老子と同じ。」（外に「婦人を御するの術瀉《ソヽ》がず。蓋し精を還し腦を補ふを謂ふ也。」と云ふ文句は、有る本と無い本とがある。）とあるから、之も多分太上老君の化身であつたらうと思はれる。是れ『老子道德經』にも「谷神不レ死《セ》。是謂《フ》二玄牝《ト》一」と同じ語が出てをる所以であつて、谷神玄牝などは天地の不死妙用をも意味するが、一方には房中術の根本原理を道破したものである。（玄牝は下丹田也。又女陰也。）果して然らば、老子を以て房中術の祖神と仰ぐに、何人も異議はあるまい。殊に我輩は、先年偶然にも老子の木像を得て之を祀り、太上老君として不老長生と黄老神仙の術を得むことを毎に祈つて居り、又房中術に於ても十數年前、平田翁の『老子集語稿』に於て始めて之を發見したと云ふ奇《クス》しき因緣を持つて居る。其上、此書のものが最も古く、最も簡にして最も要を得、眞に房中術の典據《オーソリチイ》とするに足るのである。是れ我輩が房中術を説くに當り、首として之を選んだ所以であるのだ。

抑々『老子集語稿』といふ書は、國學四大人の随一にして將又日本に於ける玄學研究の鼻祖たる平田篤胤翁が、汎く渉獵した諸子百家の書中から、老子に関する記事語句を集記したもので、次に載する所は、『萬壽丹書』に引く所を、更に翁が抄録したのであるが、全篇悉く玄學の術語を以て成り、普通の漢學者には全くの珍糞漢で、何の事だか、少しも解らず、餘程の道書僊籍に眼を曝した者でなければ、到底歯も立たない。其存在さへも房中家に知られて居ぬのである。然るに其難事業を我輩獨り敢然として遂行するのであるから、苦心惨憺實に容易ならぬ者である。希くは其不備不完を恕せよ。

老子曰。若欲長生。當須自生。房中之事。能生人能殺人。故知而能用者。可以養命。況兼服藥者乎。男不可無女。女不可無男。不可强而閉之。若强而閉之。則意不能不動。意動則神勞。神勞則損壽。若夢與鬼交。其精自泄。則一洩當十也。

〔譯〕老子曰く、若長生せむと欲せば、當に須らく自ら生くべし。房中の事、能く人を生かし能く人を殺す。故に知りて能く用ふる者は、以て命を養ふ可し。況んや服薬を兼ぬる者をや。男は女無かるべからず。女は男無かるべからず。强ひて之を閉づ可らず。若し强ひて之を閉せば、則ち意動かざる能はず。意動けば則ち神勞す。神勞すれば則ち壽を損す。若し夢に鬼と交はり、其精自から泄れなば、則ち一洩十に當る也。

〔釋〕此段は老子房中術の根本義を説いたもので、老子の曰ふには、若し人間は長生をせうと思ふならば、宜しく自分自身の努力で生くべきである。元來房中交接の事は、所謂「谷神不死玄牝」なるもので、不老長生の根本義であるから、房中のやり方如何で、能く人を生かしもすれば殺しもするのだ。故に能く其方法を知つて善用すれば、生命を養うて長壽するのである。況んや其上に補益の薬を服用すれば、延年益壽は疑なしである。抑々天地陰陽相和して萬物を生ずる如く、人間も男女相和合せねば、決して長く生きて行かれるもので莫い。故に男の相手には女が無ければならず、女の相手にも亦男が無ければならず、決して無理に性慾を抑へて閉込め置くべきで莫い。若し強ひて抑壓すれば意が動搖しない譯には行かず、意が動搖すれば精神が疲勞する。精神が疲勞すれば所謂現代病の神經衰弱となつて壽を損ひ、不幸短命に終るのである。斯う云ふ風に衰弱すると、得て、夢精をする者であるが、そんな工合で若し夢に邪鬼と交接して精液を洩らせば、一洩が十洩にも當るもので一層酷《ひど》く衰弱し、竟に死の轉歸を取るのが落ちである。愼まねばならぬ事だ（『素女經』にも之を鬼交の病と云へり。夢精なる者は大抵是れ也。）

右の中、意とか神とか云ふのは、元來支那の玄學では、五臟（心臟、肺臟、肝臟、脾臟、腎臟）には五主あつて、心臟には神、肺臟には魄、肝臟には魂、脾臟には意、腎臟には精の宿る由を云ひ、相關聯して変易すること、譬へば『太仙眞經』に「氣化して血と爲り、血化して精と為り、精化して神と為り、神化して液と為り、液化して骨と為る。」と云ふ如きものである。

老子曰。強入弱出。命當早卒。弱入強出。長生之術。是以。夫妻有化生之道。陰陽有補益之機。且心為氣主。意到即行。故男情不動。女意未來。陰戸初開。別有消息。採陰中之氣。以助陽丹。則可永保性命。却老延年法之要玅。在于六字之訣。此六字各有次第。不得顛倒。言。存便縮。既縮便吸。既吸便抽。既抽便閉。既閉便展。其序不乱。而功莫大焉。

〔譯〕老子曰く、強入弱出すれば命當に早卒すべし。弱入強出は長生の術なり。是を以て、夫妻に化生の道あり。陰陽に補益の機あり。且心は氣の主たり。意到れば即ち行く。故に男の情未だ動かず、女の意未だ来らず、陰戸初めて開くとき、別に消息あり。其陰中の氣を採り、以て陽丹を助くれば、則ち永く性命を保つ可し。却老延年の玅《メウ》、六字の訣に在り。此の六字各々次第あり、顛倒するを得ず。言はく、「存すれば便ち縮す。既に縮すれば便ち吸ふ。既に吸へば便ち抽す。既に抽すれば便ち閉づ。既に閉づれば便ち展ぶ。」其序乱れず。而して功焉《こゝ》より大なるは莫し。

［釋］老子が曰ふには、交接にあたり、強《カタ》くなりて入れ弱くなりて出せば、壽命を縮めて早卒《ワカジニ》するに至るが、之に反して、弱くなりて入れ強くなりて出すことは、不老長生の秘術であると。この強入弱出、弱入強出を、普通人は、強《キツ》入れて徐々《ソロソロ》出し、或は徐々入れて強く出すことの様に思ふだらうが、決して然《サ》にあらずで、『玉房秘訣』に「玉莖堅ければ之を出し、弱ければ之を入る。之を弱入強出と爲す。」又は「徐ろに玉莖を入れ、手を以て之を節して琴絃麥齒の間に至らしめ、（一寸入れるを琴弦、五寸入れるを麥齒と云ふ。）女の淫躍り心煩《ゼン》たくなるも、自ら之を持して施瀉すこと莫く、昆石に至らしめ、（七寸入れるを昆石と云ふ）洪大を極むれば之を出して暫く憩ひ、劣弱と爲れば又之を内る。常に弱くして入れ強くして出さば、十日を出でずして堅きこと鐵の如く、熱きこと火の如く、百たび、戦ふも殆《アヤウ》からざるせ。」或は『玉房指要』にも「弱くして入れ堅くし

て引き、進退の間緩急宜しきを得るを要す。」などあるを以て知るべきだ。又普通人の交接法は、堅くなつて入れ柔かくなつて出すのであるが、夫れでは不老長生は出来ないと云ふのである。と云つたからとて、弱くなるのが好いと云ふ譯ではない。弱入強出を續けてゐれば、十日ならずして一物は鉄の如く堅く、火の如く熱く勃起する様になるのであつて、是なくば房中術の實行は不可能である。

かるが故に夫妻（男女の意と見て宜し。）には化生の道と云つて、男は女の精を採つて陽を養へば、二氣和合して女化し、女は男の精を採つて陰を養へば、二氣和合して男化すると云ふ化生の方法があり、（女化男化など云へど、實は二氣抱和して中性化する所に、延年益壽の妙用ある也。尚『玉房秘訣』十三葉、王母の章を参照せよ。）陰陽には、服氣服藥などに因りて二氣を補ひ益すの機構がある。尚又心は氣の主人であつて、心の行く所に氣は従ふもの故（胎息経に曰く、「神行けば則ち氣行き、神住まれば則ち氣住まる。」）意が到れば氣が行き、精は亦氣に從ふもの故、從つて精が泄れるのであるから、意を動かさぬ工夫が肝要である。されば交接に際し、男女共に婬情が未だ充分に萌さずして陰戸（陰唇）初めて開く時は、『素女經』に所謂四至や九氣の來至や（素女經第四葉參照）『玉房指要』彭祖の言に「交接の道は復た他奇なし。唯從容安徐、和を以て貴しと爲す。其丹穴（女陰）を弄び、其口を求め、深く按《イヂ》りて少しく搖り、以て其氣を致す。（誘致するなり）女子陽を感ずれば亦徴《キザシ》候あり。其耳熱して醇酒に醉へるが如く、其乳は勃起して之を握れば滿ち、首頸を搖りに震はし、其脚を振動し、婬姿窈《ヨウ》窕《デウ》として乍《タチマ》ち男の體を抱く。」又は同書劉京道人の言に「凡そ女を御するの道（御は馬を乘りこなす事にて、女を馬に擬へて云ふ也）先づ徐々に嬉戯《イチャツキ》し、神和し意感じ、良〻久しうして乃ち交接す可し。」などある如く、必ず女意來至の徴候のあるもの故、先づ己の心を平靜にして焦らぬ樣にし、初めに喃々の睦言し、或は春畫春本などを閲讀するも宜しく、然うして多分に春情を發動さして置いてから、徐々と陰核を弄り、口を吸ひ、乳を撫で、又深く陰膣内を按《イチ》くり廻しなどすれば、女の耳は熱くほてり、乳は堅くなつて體を震はし、息をはづませて抱き付いて来るものだ。之を別に消息ありと云つたのである。即ち消息は音信などの意で、徴候のことだ。が、まだ別に色々と魂膽があると云ふ意も含んでゐで、夫れが即ち後に云ふ所の六字訣の房中術であるのだ。

扠その房中術の方法によつて、女陰中の精氣を採取して男の陽丹（陽氣、陽液）を補助すれば、永く性命（性慾と生命）を保つて却老延年の目的を達せらるのである。而してこの老を却け年を延ぶる方法の要點は、存、縮、吸、抽、閉、展の六字の訣にあるが、此六字には各ゝ前後の次第があるから、必ず順序通りにし、其次第を顛倒してはならぬ。抑ゝ六字の訣とは何ぞや。言はく「存すれば便ち縮す。縮すれば便ち吸ふ。既に吸へば便ち抽く。既に抽けば便ち閉づ。既に閉づれば便ち展ぶ」の六法である。而して其順序を乱さずに實行すれば、其功績の偉大なること之に過ぐるものは莫いのである。（以下は其六字訣を更に詳述したものだ。）

一曰。存者。交姤之時。存心物外。雖交合不可着意。要在體交而神不交。若着意。乃是神交。而眞汞易洩矣。惟不着意。縦使走失。亦不多矣。但當停濁去清耳。能久而行之不倦。則汞氣自然成實矣。

〔譯〕一に曰く、存とは、交姤の時、心を物外に存す。交合すと雖も着意す可らず。要は體交はりて神交はらざるに在り。若し着意すれば、乃ち是れ神交はりて眞汞《コウ》洩れ易し。惟《タヾ》着意せざれば、縦使《タトヒ》走失するも亦多からず。但當に濁を停めて清を去るべき耳《ノミ》。能く久しうして之を行ひ倦まざれば、則ち汞氣自然に實を成す。

〔釋〕第一條に所謂存とは何ぞや。曰く、交姤（姤は配偶の偶、又は遭遇の遇と同意の字にて、交姤は交接に同じ。）の時に心を物外、即ち交姤以外に心を存《とゞ》めて超然たるのだ。故に交合をしても意を交合に着けてはならぬ。要領は、肉體を交接しても精神を交接してはならぬのである。若し交姤に着意すれば、取りも直さず是れ精神の交合するのであつて、既に所謂心の行く所氣之に從ひ、氣の行く所液之に從ふから、即ち眞汞（精液なり。汞は水銀の事にて丹とも云ひ、僊家靈藥の第一とする所、故に精液を推奨して丹とも汞とも稱する也。）が洩れ易いのだ。されば惟交姤に着意さへしなければ、縱使精液を洩らすことが有つても多くない。洩すのは清い上水だけで、濁つた中味は停め置くべきである。（若い女郎などが、交接中天井の板を數へると云ふも心を物外に存する爲だ。）斯の樣にして久しく之を實行して倦まなければ、自然に精氣が充實して、所謂鉄の如く堅く、火の如く熱く勃起し、百戰に堪へ得るに至るものだ。

二日。縮者。眞汞將來。則縮膓提吸。運氣上行。氣下則泄。將若泄之際。如急忍大便狀。兼存想命門。靈柯漸々退半歩。汞來乃止。然後提吸。口微呵氣。咂定山龍。取華池水咽之。樓定又吸山氣一口。送下丹田。直入靈柯三五次。漸々龜形大。而不泄矣。（樓ハ摟ノ誤歟）

〔譯〕二に曰く、縮とは、眞汞將に来らむとすれば、則ち脇を縮めて提吸し、氣を運らして上行せしむ。氣下れば則ち泄る。若し泄れむとするの際は、急に大便を忍ぶ状の如くし、兼ねて命門に存想し、靈柯漸々に退くこと半歩なれば、汞來ること乃ち止む。然る後に提吸して口微《スコ》しく氣を吁《フ》く。山龍を咂《サフ》定し、華池の水を取りて之を咽み、樓定して又山氣一口を吸ひ、丹田に送下して直ちに靈柯に入る丶こと三五次なれば、漸々に龜形長大となりて泄れず。

〔釋〕第二條に所謂縮とは何ぞや。曰く、交接が進捗して眞汞（精液）が来らむとする、即ち俗に云ふ氣が行きそうに為れば、則ち両脇を縮めて提吸し、氣を運らして上に昇らすのである。この提吸と云ふことは、李眞人の「十六錠金」と云ふ胎息法にも「一吸便ち提し、氣々臍に歸す。一提便ち咽み、水火相見る」とあつて、先づ口中の津液を嗽煉（口中を嘗め廻して津々《シン》と出る液を舌で練つて溜めること）して鼻氣と共に静に吞み下し、氣息を臍下一寸五分の下丹田に至らしめて暫し留め置くが一吸である。さて之を一提するには、意思を加へて更に會《エ》陰（大小便両陰の間）の邊まで推しさげ、軽く大便を忍ぶ様な氣持で堪《コラ》へ、それから又一旦臍下丹田に返して両腎の間の命門（腰椎第二第三の間、前は臍に對す。）に通じ、督脈（脊髄中心管）を透して後頭部から大脳の中心たる泥丸（第三脳室）に到らしむるのが一提である。即ち斯くの如き方法を以て提吸して氣を上行せしむるのである。それが反對に行って、氣が下行すれば精液が泄れるから、其様な場合には、大便を我慢する時の様な工合に尻を窄《スボ》め、同時に命門に想《コヽロ》を存《ト》めて、腎臓より精氣の洩れぬことを觀念し、（是れ漢方醫學に於ては、腎臓を以て精液の源泉と認むるを以て也。又存想とは『天隠子』に「存とは我の神を存するを謂ふ。想とは我の身を想ふを謂ふ。目を閉づれば即ち自己を見、心を収むれば即ち自己の心を見る。心と目と皆我身を離れず、我神を傷《ヤブ》らざれば、則ち存想の漸《キザシ》也」とあり。以て其深義を知るべし。）一物を退けて抽出《ヌキダ》すこと半身位ゐなれば、精液の來潮することは止むものである。さうした後に、又先の如く提吸して口から少々氣を吹き、さて山龍（舌）を相手の口中に入れてジッと止め、以て相手の華池（腎臓）の水を吸取つて之を咽《ノミ》込み、舌を摟《ヒ》き出し止めて又相手の山氣（鼻氣）を一《ヒト》口《スヒ》吸込み、液と氣と共に丹田に送り下げて直ちに靈柯《イ》（男根）に運らし入るゝこと三たび乃至五たびなれば、段々亀形（一物）が長大に展びて來て精液は泄れないものである。（一物劣弱なれば泄れ易く、強堅なれば泄れ難きは、諸君の經驗上熟知する所なるべし。）

右の熟語中、靈柯は柯の音イ、靈草の名であるが、形の似たるより男根即ち麻羅の異名とする。山龍は舌である。華池は腎臓のことで、其水は津液である。『至游子』百問篇に「純陽子曰く、然らば則ち華池とは何の謂か。正陽子曰く、腎中の水也。其餘氣、舌の右に流るゝ者也。」とある。咂《サフ》は口に入るゝこと。定は止の意である。摟《ロウ》はヒク、定は同じく止まるである。山氣は鼻の氣である。山は『説文』に「山は宣也。氣を宣べて萬物を散生す。」とあり、又鼻は高く聳えて山の如きを以て、譬へて曰ふのである。亀形はヤハリ男根のこと、之も形の亀に似たるを以て云ふのである。日本で雁首、西洋で雞頭《コックスヘッド》といふを、支那で亀頭と云ふに同じい。

三日。抽者。緩々進歩。不可深不可急。常抽退歩。吸接津液。一抽一吸。而不可以口吸。鼻引山氣。候其氣至。急吸咽之。入腦爲玅。抽吸惟多爲益。玉莖自堅。神氣壯盛。快然樂矣。

〔譯〕三に曰く、抽とは、緩《ユル》々と進歩して、深かる可らず、急なる可らず。常《ジャウ》抽《チウ》退歩して津液を吸接し、一抽一吸す。而も口を以て吸ふ可らず。鼻にて山氣を引き、其氣の至るを候《ウカガ》ひ、急に吸ふて之を咽み、腦に入るを玅《メウ》と爲す。抽吸惟《タダ》多きを益と爲す。玉莖自から堅く、神氣壯盛、快然として樂しむ。

〔釋〕第三條に所謂抽とは何ぞや。曰く、抽とは、一物を緩々と入れて、決して深く入れ過ぎてもならず、急《せ》いて進めてもならぬ。而して又極々並に抽き出して、一抽毎に一吸するのだが、其の吸ふにも口で吸ふのではなくて、鼻で山氣を引き、其氣の至るを候ひ、(『素女經』第四葉の四至参照)急に之を提吸して咽み込み、上に運らして脳中に浸透せしむるが宜しい。一抽一吸は多々益々宜しいのであつて、玉莖(麻羅也。男子のを玉莖と云ひ、女子のを玉門と云ふなど、多く玉字を用ふるは美称也。)が自然と堅くなり、神氣壮盛《サカン》にして、愉快で〳〵堪らなく為るものだ。

四日。吸者。先靈柯為受氣之管。當彼此感暢之時。上以口鼻吸其津氣。下以青龍吸其液水。存想其赤紅氣入靈柯。約至精室。入氣海。直透泥丸。上下一齊倶吸。勿令顚倒。能依此採取。則顔色光澤。精神自然清爽矣。

〔譯〕四に曰く、吸とは先づ靈柯を受氣の管と為す。彼此感暢の時に當り、上は口鼻を以て其津氣を吸ひ、下は青龍を以て其液水を吸ひ、其赤紅の氣靈柯に入り、約して精室に至り、氣海に入り、直ちに泥丸に透ると存想す。上下一齊俱に吸ひ、顛倒せしむる勿れ。能く此の採取に依らば、則ち顔色光澤、精神自然に清爽なり。

〔釋〕第四條に所謂吸とは何ぞや。曰く、吸とは吸ふことであるが、單に鼻口より吸ふ許りでなく、靈柯即ち麻羅を受氣の管として吸ふのである。即ち男女共に快感の頂きに達して心暢《ノビ》やかに成った時に當り、上は口と鼻で相手の津液と氣を吸ひ、下は靑龍（之も麻羅）を以て相手の氣と精液を吸ふのだ。だが口鼻を以て相手の津氣を吸ふことは何人にも可能であるが、麻羅を以て相手の精液を吸ふことは實に奇想天外で、「三S萬年筆ぢやあるまいし、そんな突飛な藝道が出來るものか」と諸君は一噱《キョ》に附するだらうが、然にあらずで、若し諸君が觀法（觀念法と觀想法）に熟練して、不隨意筋を隨意筋同様に自由に働かす様になれば、斷じて不可能では無いのだ。現に療術家の中村春吉や、忍術研究家の藤田西湖は、不隨意筋の耳を動かすし、何處の筋肉の一箇所でも自由に硬直に爲し得る。其外、火箸を一寸も放して翳《カザ》しただけで腕に火脹《ブクレ》を拵へたり、双を同じく放して翳して蚯蚓脹《ミミズバレ》の双跡を生ずる。然らば観法を應用して、尿道より液体を吸ひ込む事を練習すれば、決して出來ぬ事はない。實際西藏や支那の喇嘛僧には、此の採精術を能くする者があつて、一物を以て洋杯の水を吸ひあげて見せると云ふことだ。併し其處迄行かずとも、行氣法に熟すれば、相手の精氣を玉門内より吸取することは決して難事でないから、先づ初めは吸液でなくとも吸氣で満足し、漸を以て採精術に進むべきである。（西洋人は管を以て排泄後の精液を吸取つて咽むと云ふ事だが、ペツ〱そんな汚ないことが、神州清浄の人間に出來るものか。）むも夫婦間に採精術などは厳に禁ずべきで、そんな事をすれば忽ち細君を殺して仕舞ふ。恐るべし。愼しむべしだ。

さて、青龍の一物を以て相手の精液を吸込んだら、其赤紅の氣が靈柄に入り、（其氣を赤紅と觀ずるは僊家の常法にて、『千金方』にも

「丹田中赤氣あり、内黄外白、変じて日月と為り、丹田中を徘徊すと思存す云々。」又は「臍中赤色にして大さ鷄子の形の如きを思ふ。」などあり。）更に約めて精室に至り、（精室は精囊にて膀胱の下にあり。睾丸に於て製《ツク》られたる精液を、輸精管に依りて尿道に注射する也。）次いで氣海に入り、（氣海は臍下一寸五分に在り。又下丹田と云ふ。現代醫學の下腸間膜神經叢に該當すべし。）それより直ちに上行して、大脳中の泥丸に透り到ると觀念するのである。斯くの如くして上も下も同時に齊しく吸ひ、上と下を顛倒して逆にする事があつてはならぬ。加樣にして精と氣とを採取すれば、則ち顏色は澤《ツヤ》々と光り、精神が自づと爽快になつて延年益壽を得ると云ふのである。

一寸こゝで支那古代の生理學を略説せねば、諸君に此の觀法の諒解が困難だらうと思ふ。抑々支那古代の醫學に於ては、人間の身體には十四經脉と云ふものが有つて、それを積極的の榮氣と消極的の衞氣とが流通することに因つて、動脉靜脉の血液も環循すると云ふのである。即ち經は今日の神經、脉は無論血管に該當するのであつて、氣が循るから血も循ると云ふ理窟で、我輩の人體放射能說と大体に於て一致して居る。故に氣血の流通と云ひ、或は「氣を云へば血を云はず」など称して、氣が循ると云へば、血の循ることは云はずとも判つてゐるなど申して居る。併し其經脉說が、何しろ解剖的研究の未熟なる時代に起つたもの故、どうも今日の生理解剖と一致せぬのは遺憾であるが、之を基礎として鍼灸學が成立ち、今日と雖も立派に効果を奏し、敢て現代醫學に遜色なき所を見れば、其間に侮り難き眞理を包含してゐるに相違ない。

抑その十四經脉なるものは、手の三陰經と三陽經、及び足の三陰經と三陽經とで、凡て十二經、（何れも内臓より起ると云ふ。）之れに奇經八脉中の督脉と任脉との二脉を合せて云ふのである。そこで十二經は暫く措き、督脉と任脉とに就て述べむに、此二脈は脉と云ふからは血管のことで、任脉は大動脉で、督脉は大静脈の事でもあらうかと云ふに然らずで、督脈は陽脈の都綱《ツカリ》で榮氣の流通する管であり、下極の腧《ユ》（一に屏翳《ヘイエイ》と云ふ。大小便両陰の間也。）から起って長強の穴（尾閭骨《カメノヲ》の末端）に出で、脊椎に従うて上行し（恐らく脊髄中心管を上るの意なるべし。）命門（前出）大椎（頸椎第七と第一胸椎の間）等を經て風府（髪際より入ること一寸、延髄の位する所）より百會《エ》（中央の旋毛《ツムジ》の處）に達し、更に顖會（前頭顖《シン》門の處、ヒツコミ也。此下が即ち泥丸にて第三脳室なるべし。）より神庭（前額中央の髪際）に到り、下つて鼻柱上下の素髎《レウ》、兌端を經て齗《ギン》交（上唇内上歯の齗《ハグキ》中）に終るのであつて、二十七穴ある。又任脈は陰脈で衛氣か流通し、婦人生養の本と云ふことである。督脈と同一源泉たる會陰から起つて腹胸部の中央を上行し、氣海、神闕（臍）、鳩尾（ミヅオチ）、膻《セン》中（両乳の間）、天突（結喉の下）承漿（下唇下の陷中）等を經て、督脈の終点たる齗交に終るのであつて、二十四穴ある。（穴とは神經節のある所にて、柔道の急處、鍼灸の點處也。）而して之を現代の生理學に比較して見れば、督脉は脊髓終線、脊髓中心管、第四腦室、導水管、第三腦室等に當り、任脉は大體迷走神經に該當するものと思はれる。尚脊髓の中行を挾んだ左右兩行の穴は、交感神經節狀索に相當するのである。斯く判つて見れば、支那古代醫學も、決して妄誕不稽などと排斥すべき者でない。何でも物は能く研究してから後に論ずべきことだ。

右の如く、督脉任脉の兩脉に依つて榮衞の二氣が交流循環する、と云ふのが支那醫學の要点であつて、行氣法とは、自己の觀念と氣息に依つて其氣を自由自在に利用する事である。されば房中術に於ても、專ら此の行氣法を應用するのであつて、此の吸法なども、相手の口鼻から吸取つた津氣は、咽下して氣海丹田に送り、又青龍から吸取つた精液は、一旦之を精室即ち精嚢に收めて、其氣だけを氣海に送り、そこで上下の氣を一つにして腎臟の兪（穴に同じ。中樞の意）たる命門に登し、更に督脉を上行して泥丸に達せしむるのである。泥丸は『遵生八牋』の延年却病牋神氣章に「泥丸は人の首、明堂の間、六合の内に在り。是を頂門と云ふ。故に世に頂門を称して顖《シン》門と為す也。顖門は即ち性也。顖開けば皆夙世の因縁等の事を知る。合すれば則ち之を忘る。故に泥丸之を性根と云ふ。能く性根命蔕を知り、始めて修練を言ふ也。」とあり、又『黄庭經』には、泥丸は人の頭脳中に在る宮名で、此の泥丸宮を中央として周圍に、天庭宮、明堂宮、極眞宮、洞房宮、玄丹宮、太皇宮、流珠宮、王帝宮の八宮があり、九宮には各〻神があつて九眞と云ひ、之を存思するは不死の道なる由が述べてある。即ち我輩の方で云へば、我々の主我たる奇魂《クシミタマ》の本據即ち中央政府であつて、實に大切な箇處だ。そこへ氣を集中して守るのであるから、不老長生を得るに不思議はない。

五日。閉者。謂緊閉天關。天關通命門。命門通腎府。若天關與命門不閉。則腦氣下降。至命門腎宮。流入精室。則易泄也。若閉固而不降于壇臺。則永無漏洩之患也。精既不泄。自然堅硬。可御十女不倦。

〔譯〕五に曰く、閉とは天関を緊く閉づるを謂ふ。天関は命門に通じ、命門は腎府に通ず。若し天関と命門とを閉さゞれば、則ち脳氣下降し、命門腎宮に至り、精室に流入せむ。則ち泄れ易き也。若し閉固して瓊臺に降さゞれば、則ち永く漏洩の患へ無き也。精既に泄れざれば、自然に堅硬にして、十女を御するも倦まざる可し。

〔釋〕第五條に所謂閉とは何ぞや。曰く、閉とは緊《カタ》く天関を閉づることを謂ふのである。抑〻この天関と云ふ語は、十四經六百五十八穴中には見當らぬ語であるが、『至游子』百問篇に「純陽子曰く、三関とは何の謂か。正陽子曰く、口は天の関也。手は人の関也。足は地の関也。泥丸は上関也。絳宮は中関也。下元は下関也。此を以て関と為す。」又「脳の下を名づけて玉関と曰ふ。其夾脊相對するを名づけて中関と曰ふ。内腎相對するを名づけて下関と曰ふ。」などあるを以て見れば、口が天関であると共に、泥丸も亦天関であらねばならぬ。（上関玉関は意天関に同じ。）されば天関を閉づるは、口を閉ぢ、

（氣を閉づるには先づ口を閉づるが、何時の場合にも第一義たり。）又観念を以て泥丸を閉ざし、既に精室より上行せしめたる氣を守つて、泥丸より下降せしめぬのである。是れ如何となれば、既に説いた如く、天関たる泥丸（顖會の下）は督脉を以て命門に通じ、命門は又交通枝神経を以て腎臓に通じてゐるから、天関と命門とを閉さなければ、脳中の泥丸の氣が下降して命門から腎臓に至り、更に精室に流入して精液が泄れ易いのである。（支那古代醫學は、腎臓を以て精液製造所と誤認し、睾丸に於て造らるゝことを知らず。故に房事過度の疾に腎虚の名あり。是れ現代科學の承認し難き所なれど、命門が生殖器中枢たるには相違なく、又腎臓病が房事過度に密接の関係を有するを思へば、此の観法は決して誤舛《セン》にあらず。安んじて可也。尚腎府、腎宮、皆腎臓に同じ。）若し氣を泥丸と命門に閉ぢ固めて精室に下さなければ、則ち永く漏洩の心配がなくなるのである。

（⿰土夐の字は字書に見當らず。恐らく瓊の字の誤まりなるべく、瓊臺は精室の事なるべし。）既に交接に於て精液が洩れなくなれば、自然と一物が堅く硬くなつて、一夜に十人の婦人を御するも平氣になり、茲に房中術は成功するのである。

六日。展者。靈亀緩々入爐上。採其津攪漱我津。吸他氣一口。送下循至丹田。運入玉莖三五次。或七八次。覺亀身森然長大。築満陰戸。號曰展亀。但覺陰戸緊窄。乃其驗也。既満宜緩。下可急躁。交之久遠。使情歡意暢。美不可言。若採之既久。覺容顔銷減。即換新鼎。不可強行也。

（驗モト驗ニ作ル。俗字也。）

〔譯〕六に曰く、展とは、靈亀緩々として爐上に入る。其津を採りて我津に攪《ウウ》漱《ソウ》し、他氣一口を吸ひ、送下して丹田に循至し、玉莖に運入すること三五次、或は七八次なれば、亀身森然として長大し、陰戸に築満するを覺ゆ。號して展亀と曰ふ。但だ陰戸の緊窄を覺ゆるは、乃ち其驗也。既に満たば宜しく緩なるべく、急燥にす可らず。交はるの久遠なる、情歡び意暢び、美言ふ可らざらしむ。若し之を採ること既に久しく、容顔の銷《セウ》滅を覺えば、即ち新鼎に換へよ。强ひて行ふ可らざる也。

〔釋〕第六條の展とは何ぞや。曰く、展とは靈亀即ち一物を緩々として爐上（陰内の充血して熱したるを火爐に喩へたるものか）即ち陰内に入れ、相手の津液を吸ひ採つて我津液に攪漱《カキマ》ぜ、相手の山氣を一口吸うて共に送り下げて丹田に循《メグ》り至らせ、更に精室から玉莖内に運入すること三五次《タビ》、或は七八次なれば、（第二條の方法に同じ）亀身即ち一物全體が森然（木の長く展び茂りて盛んな貌）として長大になり、陰戸一杯脹《ハ》れ満つるものだ。（築満とは他に見ざる奇異なる熟字なるが、築は土堤を築く如く段々膨脹するの意にてもあらむか。）之を號けて展亀と云ふのである。此時自身には、亀身の長大することは覺えぬが、但だ陰戸が緊く窄《シマ》るのを感ずるのは、乃ち展亀した驗《シルシ》である（驗は驗の俗字）既に亀身が陰戸に満ちたれば、宜しく緩々として出入すべきで、決して急燥《アワタダ》しく抽送《ヌキサシ》してはならぬ。さうした交合が長時間に亙れば、情歡び意暢びて快美言語に絶するのである。併し此採精が久しく續き、婦人の容貌が銷滅《ヤヤオトロ》へて來たならば、速に新人と取換ふべきで、決して無理に何時迄も使用してはならぬ。若し長きに亙らば、自己に益なきのみならず、相手をも殺すに至るのである。

右の如き行氣法に因りて展龜し堅硬になる所以の理は、神の行く所氣之に從ひ、氣の行く所に血も行く理由《ワケ》であるから、龜身に右の如く行氣すれば、陰莖の海綿體血管に充血して勃起力を増すからである。元來陰莖の血管は、血液が多量に充滿すれば四倍乃至五倍に膨大し、其硬さも從つて増加するものである。次に新鼎と云ふのは、鼎は僊人が不死の靈藥たる金液丹液を煉る器であるから、不老長生の器たる相手の婦人を、之に譬へて言つたものだ。この旧器を棄て、新鼎に換へることや、房中婦人の容貌體格等に就ては、次の「孫眞人の房中術」に於て詳述する。

房中禁忌

老子は尚別に房中の禁忌に就て述べて居るから、左に之を附記する。

○老子曰く、凡そ日月薄蝕、大風、大雨、虹蜺、地動、雷電、霹靂、大寒、大霧、四時變節には陰陽を交合す可らず。之を愼め。

○老子曰く、凡そ夏至後の丙丁の日、冬至後の庚辛の日は、皆陰陽會合す可らず。大凶なり。

○老子曰く、凡そ大月の十七日、小月の十六日は交會す可らず。之を犯せば血脉を破る。

○老子曰く、凡そ月の三日、五日、九日、二十日、此れ生日也。交會すれば人をして疾病無からしむ。

○老子曰く、凡そ新沐（新たに髪洗ふこと）遠行、及び疲飽食醉、大喜大悲、男女熱病未だ差《い》えず、女子月血、新産者は、皆陰陽を合す可らず。熱病新産の交はる者は死す。

○老子曰く、凡そ人生れて疾病なる者は是れ風日の子。生れて早死する者は是れ晦日の子。胎に在りて傷つく者は是れ朔日の子。生れて母子倶に死する者は是れ雷電霹靂日の子。能く行歩し知有りて而も死する者は是れ下旬の子。兵血に死する者は是れ月水盡くるの子。又是れ月蝕の子。胎《ハラ》むと雖も成らざる者は是れ弦望の子。命長からざる者は是れ大酔の子なり。

尚此外に「五逆六祥」中に、「夫婦晝合ふは五の不祥なり」と云って居る。何れも慎むべきである。

孫眞人の房中術

孫眞人の房中術は其著『備急千金要方』（畧して『千金方』と云ふ）の第二十七巻房中補益第八に出で、房中家の間に有名なる者である。仍《ヨッ》て先づ孫眞人とは如何なる人物であるかを知る爲に『太平廣記』及び『歴代神仙傳』に據り、其傳記の大畧を譯出する。

孫思邈の傳

孫眞人、名は思邈、雍州華原の人也。七歳學に就き、日に千餘巻を誦す。弱冠にして善く莊老及び百家の説を談じ、亦釋典を好む。洛州の總管獨孤信見て嘆じて曰く、此れ聖童也。但恨むらくは其器大にして識小なるを。用を爲し難き也と。後周（南北朝時代）の宣帝の時、思邈王室多故多難を以て、遂に太白山に隱る。隋《ズヰ》の文帝政を輔け、徴して國子博士と爲す。疾と称して起たず。常に所親に謂ひて曰く、是を過ぐる五十年、當に聖人有りて出づべし。吾れ之を助けて以て人を濟はむと。唐の太宗位に即くに及び、召されて京師に詣る。（中畧）将に爵位を以て授けむとす。固辞して受けず。唐の顕慶七年、高宗召して諫議大夫に拜す。又固辞して受けず。上元元年疾を称して歸を請ふ。特に良馬及び鄱《ハ》陽公主の邑司を賜ひて居《オ》く。當時の名士、如宋之、問孟詵、盧照隣等、皆師弟の禮を執りて事ふ。（中畧）

初め魏徴（初唐の賢臣）等詔を受けて齊、梁、周、隋等の五代史を修む。遺漏有らむを恐れ、屢〻思邈を訪ふ。口づから傳授するに、目覩《ト》するが如き有り。東臺侍郎孫處約、嘗て其五子、侹《エン》、儆《ケイ》、俊、侑《イウ》、佺《セン》を将《キ》て思邈に謁す。思邈曰く、俊當に先づ貴かるべく、侑當に晩達すべし。佺最も重位に居る。禍、兵を執るに在りと。後皆其言の如し。太子詹事《センジ》盧齊卿（詹事は執事の意、太夫也。）幼より時に人倫の事を請ひ訪ふ。思邈曰く、汝ぢ後五十年、位方伯（大地方官）に登り、吾孫當に屬吏たるべし。自保す可き也と。齊卿後に徐州の刺史（知事）と為り、思邈の孫溥《フ》、果して徐州蕭縣の丞と為る。邈初め齊卿に謂ひて言ふ時、溥未だ生れず。而も預め其事を知る。凡そ諸〻の異跡多きこと此くの如し。永淳元年（唐の高宗帝時代）卒《シュツ》す。遺令して葬を薄くし、寫器を藏せず。生窂を奠《ソナ》へざらしむ。月餘にして貌改まらず。尸を擧げて木に就けば（死尸を棺に入る、事）空衣のみ。時人之を異とす。（是の如きは尸解仙の常のみ。怪しむに足らず。）自ら老子荘子を注し、『千金方』三十巻、『福祿論』三十巻、『攝生眞籙』『枕中素書』『會三教論』各一巻を撰す。

開元中（唐の玄宗帝時代）復た人あり、思邈の終南山に隱る、を見る。皇律師と相接して毎に來往し、宗旨を參請す。時に旱す。西域の僧請うて昆明池（長安に在る大池。漢の武帝之を鑿ちて水戰を習はしめたり。）に壇を結び雨を祈る。有司に詔して香燈を備へしむること凡そ七日、縮水數尺。忽ち老人有り、夜宣律師に詣《イタ》り救を求めて曰く、弟子《ワレ》は昆明池の龍也。無雨時久しきは弟子に由るに匪ず。胡僧弟子の腦を利《ト》りて將に藥と爲さむとし、天子を欺いて祈雨を言ふ。命旦夕に在り。乞ふ和尚、法力もて救護せよ。宣公辞して曰く、貧道は律を持するのみ。孫先生に

「翼方」の誤なり。

求む可し。と。老人因りて至る。思邈謂ひて曰く、我は昆明龍宮に仙方三十首有るを知る。若し能く予に示さば、予將に汝を救ふことをせむ。老人曰く、此方は上帝妄りに傳ふるを許さず。今急なり。固より恡《ヲシ》む所無しと。頃《シバラ》く有りて方を捧げて至る。思邈曰く、尓《ナンヂ》但だ還れ。胡僧を慮ること無き也と。是より池水忽ち漲り、數日にして岸に溢る。胡僧羞ぢ恚《イカ》りて死す。又嘗て神仙有り。降りて思邈に謂ひて曰く、尓著す所の『千金方』、人を濟ふの功亦已に廣し。而も物命を以て藥と爲す。物を害すること亦多し。必ず尸解の仙たらむ。白日輕擧するを得ず。昔眞人桓闓《クワンカイ》の陶貞白に謂ふ事、亦之の如し。固《モト》吾子の知る所也と。其後思邈、草木の藥を取りて蝱蟲《アブ》水蛭《ヒル》の命に代へ『千金方翼』三十篇を作る。毎篇龍宮の仙方一首有り。之を世に行ふ。

玄宗帝羯胡《エビス》の乱を避け、西のかた蜀に幸す。既に蜀に至るや、夢に一叟、鬚髮盡く白く、黄襦を衣る。前に再拜し已《ヲハ》りて奏して曰く、臣は孫思邈也。峨眉山に廬すること年有り、今鑾駕成都に幸す、臣故に候謁すと。玄宗曰く、我れ先生の名を熟識すること久し。今先生遠からずして至る。將に求むる所有らむとするか。思邈對へて曰く、臣雲泉に隠居し、好んで金石の薬を餌《クラ》ふ。聞く、此地に雄黄を出すと。願はくは八十価を以て賜と為し、臣が請を遂げしめよ。幸ひに使を降し、齎《モタラ》して峨眉山に至らせと。玄宗之を諾し、悴然として寤《サ》む。即ち寺臣（後宮の事を掌る臣）陳忠盛に詔し、雄黄、八十価を挈《ヒッサ》げて峨眉に行き、思邈に宣賜せしむ。忠盛既に詔を奉じて峨眉に入り、屛風嶺に至る。一叟の貌甚だ俊古、黄襦を衣て嶺下に立つ。忠盛に謂ひて曰く、汝は天子の使に非ずや。我は即ち孫思邈也。忠曰く、上《シャウ》命じて雄黄を以て先生に賜ふと。其叟僂《カヾ》みて受け、既にして曰く、吾れ天子雄黄を賜ふを蒙る。今表有り、謝属せむ。山居翰墨無し。天使筆札を命じて傳寫し、以て進めよと。忠盛即ち吏を召して牘《フダ》を取り翰《フデ》を染めしむ。叟一石を指して曰く、表本石上に在り、君録す可しと。忠盛其石を目《ミ》るに、果して硃《シュ》字（硃は朱也）百餘有り、実に表本也。遂に其字を謄寫し畢りて視るに、其叟と石と倶に亡見す。是に於て具に其事を以て玄宗に聞す。玄宗因りて忠盛に叟の貌を問ふ。夢みし者と果して同じ、是に由りて益ゝ之を奇とす。是より或は隠れ或は見ゆ。

咸通(唐の懿宗帝の時代)の末、山下(峨眉山下也)の民家に児十餘歳なる有り。葷血を食はず、父母其の善を好むを以て白水僧院に使はして童子と為す。遊客有り、孫處士と称す。院中に周遊し、訖《ヲハ》りて袖中より湯末を出し、以て童子に授けて曰く、我が為に茶法の如く煎じ来れと。處士少許を呷み、餘湯を以て之に與ふ。湯極めて美なるを覺ゆ。一碗を賜はむことを願ふ。處士曰く、此湯は汝の為に來るのみと。即ち末方寸匕を以て更に煎じ喫せしむ。因りて同侶と之を話して門を出で、處士已に去る。童子も亦空に乗じて飛ぶ。衆方に驚き異《アヤ》しみ、煎湯の銚子を観視すれば、已に金と成る。其後亦、時に人、思邈を見る者ありき。

孫眞人は右の如き實在の大仙人であつて、殊に其著『千金方』は古來漢方醫家が虎の巻として重視する所である。されば斯の如き大名著の中に掲げられたる房中術なれば、其價値推して知るべく、断じて淫樂好猥の邪術と同日に談ずべき者でない。諸君之を諒とせよ。

『千金方』の房中術

人年四十已下。多有放恣。四十已上。即頓覺氣力一時衰退。衰退既至。衆病蜂起。久而不治。遂至不可救。所以彭祖曰。以人療人。眞得其眞。故年至四十。須諸房中之術。夫房中術者。其道甚近。而人莫能行。其法。一夕御十人閉固而已。此房中之術畢矣。兼之藥餌。四時勿絶。即氣力百倍。而智慧日新。然此方之作也。非欲務於淫佚。苟求快意。務存節欲。以廣養生也。非苟欲強身力。幸女色。以縱情意。在補益以遣疾也。此房中之微旨也。

〔譯〕人年四十已下、多く放恣有り。四十已上、即ち頓に氣力の一時に衰退するを覺ゆ。衰退既に至れば衆病蜂起し、久しうして治せず。遂に救ふ可らざるに至る。所以に彭祖曰く、人を以て人を療すと。眞に其眞を得たり。故に年四十に至れば、諸〻の房中の術を須《モチ》ふ。夫れ房中術は、其道甚だ近くして人能く行ふこと莫し。其法、一夕十人を御して閉固するのみ。此れ房中の術畢る。之に藥餌を兼ねて四時絶ゆる勿れ。即ち氣力百倍して智慧日に新たなり。然も此方の作《オコ》るや、淫佚を務め、苟も快意を求めむと欲するに非ず。務めて欲を節し、以て養生を廣くするに存する也。苟も身力を強くし、女色を幸し、以て情意を縦ま〻にせむと欲するに非ず。補益以て疾を遣るに在る也。此れ房中の微旨也。

〔釋〕孔子も「若き時は血氣方に壯んなり。之を戒むること色に在り。」と戒められた如く、若き者は血氣の壯んなるに任せて放恣《ムヤミ》に房事を濫用するの虞あれば、虚弱者ならざる限り房中術は無用嚴禁である。けれども四十歳を超ゆれば、頓に氣力が衰へて一時に衰退を感する。而して衰退既に至れば、様々の病氣が蜂の巣を衝《ツ》突《ツ》いた様に起り、久しく養生しても治らず、遂にお陀佛とは情ない。故に房中術で八百歳の壽を保つた彭祖は、人の肉體を以て人の老衰を治療すると云つた。即ち男は女を以て、女は男を以て、房中交接の法により老衰を治することであつて、眞に其眞理を得たものである。されば人年四十已上になれば、諸種の房中術を實行して延年益壽を得るが好い。夫れ房中術といふものは、其道は頗る卑近にして何でもない事のやうだが、之を實行することは中々難《カタ》しく、容易のものでない。何んとなれば、其法は一晩に十人の婦人を御（御。は馬を乘りこなすに譬へて云ふ。）しても固く精液を閉ぢて泄さないのだから、中々容易に出來るものでない。之が出來れば房中術は卒業である。而して之に兼ぬるに補益の藥餌《クスリ》を以てして年中絶やすこと勿ければ、即ち氣力百倍して智慧も日に〱新たなるのである。彼の房事過度や手淫の害で神經衰弱に陷り、終日ボンヤリして居るのとは雲泥月鼈の差だ。が此房中術の作つた主旨は、徒らに淫慾を恣にして只管快味を貪らむとするのではなく、務めて性慾を節して健康を増進するに存するのだ。苟《カリソ》めにも己が身力を強くして女色を弄び、以て情慾を縦まゝにせうとするのでは无く、己が精力を補益し疾病を逐遣らうとするのである。此れが房中術の主旨だ。

右の内、「氣力百倍して智慧日に新たなり」と云ふ句に就て一言せむに、精液の蓄積が氣力體力の源泉たることは、既に屢々述べた所であるから再説せぬが、「智慧日に新たなり」と云ふ理由を、今日の科學的に説明すれば、常に精液を閉固して泄さずに置けば、(無論四十以上に就て言ふ。血氣壮んなる青年には時々漏泄の要あり。強ひて閉づれば精神生活に影響し、鬱結して反つて害あり。)睾丸に於ける生殖腺からホルモン(希臘語なり。覺醒の義、内分泌物せ)の分泌が盛んになり、夫れが血液に入つて腦髓に運行され、大腦の知識中枢を刺戟して知能の活動を活潑ならしむるから、智慧日に新たなるのである。之に反し、房事手淫等の過度で精液を濫費すれば、忽ち神経衰弱に陥りて精神がボンヤリと爲り、意識も知識も不明瞭になるのは、諸君の熟知する所であらう。尚又腦髓には第三腦室の下に大脳下垂體と云ふものが有つて、此れから分泌するホルモンが生殖機に及ぼす影響も至大なる者で、この下垂體が疾病等で機能を廢すると、精神は衰へ性慾も頗る減退する者である。即ち精と神とは斯くの如き密接の関係あるもので『太仙眞經』に所謂「精化して神と爲る」と云ふ語も、慥に科學的根據のあることが承認さる、のである。精神と云ふ語も、恐らく此辺から出たもので有らう。併しながら之は科學的に於ける説明だけで、別に督脈より泥丸に輸氣する効果の一層偉大なる事は、既に前章に於て屡述した所であるから贅せぬ。

是以。人年四十已下。即服房中之藥者。皆所以速禍。愼之愼之。故年未滿四十者。不足與論房中之事。貪心未止。兼餌補藥。倍力行房。不過半年。精髓枯竭。惟向死近。少年極須愼之。人年四十已上。常固精養氣不耗。可以不老。又餌雲母。足以愈疾延年。人年四十已上。勿服瀉藥。常餌補藥大佳。昔黄帝。御女一千二百而登仙。而俗人以一女伐命。知與不知。豈不遠矣。其知道者。御女苦不多耳。

〔譯〕是を以て人年四十已下、即ち房中の藥を服する者は、皆禍を速《まね》く所以なり。之を慎み之を慎め。故に年未だ四十に満たざる者は、與に房中の事を論ずるに足らず。貪心未だ止まず、兼ねて補藥を餌はゞ、力を倍して房を行ひ、半年を過ぎずして精髓枯竭し、惟死に向ふこと近し。少年極めて須らく之を慎むべし。人年四十已上、常に精を固くし炁《き》を養ひて耗《かう》さゞれば（一書「練乳散を服して絶さゞれば」とあり。）以て老いざる可し。又雲母を餌へば、以て疾を愈し年を延ぶるに足る。人年四十已上は、瀉藥を服すること勿れ。常に補藥を餌へば大に佳なり。昔黄帝は女を御すること千二百にして登仙せり。而して俗人は一女を以て命を伐《き》る。知ると知らざる豈遠からずや。其道を知る者は、女を御すること多からざるを苦むのみ。

〔釋〕前段の房中術の主旨を承けて、されば四十已下の人が房中速進の補藥を服用すれば、濫用して禍を速くから、之を慎め〳〵。故に四十已下の者は到底房中術實行の資格がない。色情盛んにして徒らに快感を貪るの慾望止まぬ所へ、更に精力増進の補藥を用ひたならば、一層精力を倍して交接を行ひ、爲に半年ならずして精も髄も枯れ竭し、所謂腎虚して腭《アゴ》で蠅を追ふに至り、惟《タダ》死期を待つのみの衰れな状態となるのだ。されば青年輩は極めて之を愼むべきである。だが四十歳已上は、平生精液を閉固し、精氣を養うて消耗しなければ老衰することがなく、又雲母を常用すれば、病氣を癒し長命することが出來る。（雲母を藥用とすることは、其製剤法中々面倒なる故之を畧す。）けれども四十已上は気力薄き故、瀉藥（今日の下剤とは違へど、邪気毒気を泄瀉する一種の下剤也。）を服用してはならぬ。常に補藥を服用すれば大いに宜しい。（補藥の事は別に述ぶ。）昔黄帝（名は、軒轅、道家の祖也。）は婦人を御すること一千二百人にして龍にのり昇天されたが、凡俗の輩は一婦人をだに御しかねて命を縮める者もある。房中の法を知ると知らぬとでは、其相去ること何んと遠くはないか。房中の道を知る者は、婦人を御すること多からざるを患ふるのみで、多々益〻可なりである。

凡婦人不必須有顏色妍麗。但得少年未經生乳。多肌肉益也。若足財力。選取細髮。目睛黑白分明。體柔骨輭。肌膚細滑。言語聲音和調。四肢骨節。皆欲足肉而骨不大。其陰及掖。皆不欲有毛。有毛當輭細。不可極於相者。但蓬頭蠅面。槌頂結喉。雄聲大口。高鼻麥齒。目精渾濁。口頷有毛。骨節高大。髮黃少肉。陰毛多而且强。又生逆毛。此相不可。與之交會。皆賊命損壽也。

〔譯〕凡そ婦人は必ずしも顏色妍麗有るを須《モチ》ゐず。但少年にして未だ生乳を經ず、肌肉多きを得れば益する也。若し財力に足らば、細髮、目睛黑白分明、體柔骨輭《ナン》、肌膚細骨、言語聲音和調なるを選取せよ。四肢骨節皆肉足りて骨大ならざるを欲す。其陰及び掖《ワキ》に皆毛有るを欲せず。毛有るも當に輭《ナン》細なるべし。相者に極む可らず。但し蓬頭蠅面、槌頂結喉、雄聲大口、高鼻麥齒、目精渾濁、口頷毛有り、骨節高大、髮黃にして肉少く、陰毛多くして且強く、又逆毛を生ずる、此相可ならず。之と交會すれば、皆命を賊《ソコナ》ひ壽を損する也。

〔釋〕此の段は專ら房中の相手たるべき婦人の資格條件を列擧したもので、凡そ房中術の對者たる婦人は、必ずしも美たることを要しない。但年少くして未だ子を生み乳を呑ました經驗なき者で、肌の肉のふッくらしたポチヤ〳〵であれば宜しい。若し財力に豐富であるならば、髮は細く、目睛《ヒトミ》の白黒はハッキリし、肉も骨も柔軟であり、(輭は軟の正字也)肌膚《ハダ》のキメは細かで滑らかに、言語音聲は和らかく調つたのを選ぶが佳い。手足の骨節は何れも肉づきが良くて骨太でない方が宜しい。又陰毛や掖《ワキ》の下の毛の無い方が佳いが、有つても軟かく細ければ差支ない。この房中術相手の女人相に就ては、古來やかましい説があるが、そんな嚴しく穿鑿をせずとも、大概な事で宜しい。但し蓬の如きモヂヤ〳〵頭、蠅の頭の様な小さな面、槌頂《サイヅチアタマ》、喉佛の飛出した喉、男の様なドス聲、大きな口、高く尖ンがつた鼻、麥齒（麥齒は能く分らねど、麥の様な形の齒か。それとも出ッ齒か。『玉房祕訣』などに出でたる麥齒とは別也。）眼玉はドンヨリ濁り、口や頷《アゴ》の辺りに毛が生え、骨節は高くて大きく、陰毛はモヂャ〱多生して強く、又逆毛の生えてゐる女などは、房中術の女人相としては宜しくない。這んな女を相手にして交接すれば、皆壽命を縮むる者であるから避くべきだ。（房中女人相に就て云ふ所は、『素女経』、『玉房祕訣』等の説と畧々相似たり。）

右に言ふ所の婦人選擇の條件の如きは、第二婦人第三夫人等を蓄へて妻妾の多きを誇る、低劣なる支那人の道德慣習を標準としての條件にして、我等日本人の道德律よりは允《ユル》さるべきに非ず。又妻を娶るに陰毛までも査檢せらるべきに非ざれば、不幸にして多毛逆毛の如きに遭遇せば、エッキス光線に照射して脱毛せしむべき也。必ずしも忌むべきに非ず。

凡御レ女之道。不レ欲レ令下氣未二感動一。陽氣微弱。即以交合上。必須三先徐々嬉戲。

使神和意感。良久乃可令得陰氣。陰氣推之。須臾自強。所謂弱而內。迎堅急出之。進退欲令疎遲。情動而止。不可高自投擲。顚倒五臟傷絶精脈。生致百病。但數交而愼密者。諸病皆愈。年壽日益。去僊不遠矣。不必九一三五之數也。能百接而不施瀉者。長生矣。

〔譯〕凡そ女を御するの道、氣未だ感動せず、陽氣微弱なれば、即ち以て交合せしむるを欲せず。必ず須らく先づ徐々に嬉戯し、神和し意感ぜしむべし。良《やゝ》久しければ乃ち陰氣を得しむ可し。陰氣之を推せば、須臾に自ら強し。所謂弱くして内《い》れ、堅きを迎へて急に之を出し、進退疎遲ならしめむことを欲す。情動いて止む。高く自ら投擲す可らず。五臟を顚倒し、精脈を傷絶し、百病を生致せむ。但數交して愼密なる者は、諸病皆愈え、年壽日に益し、僊を去ること遠からず。必ずしも九一三五の數のみならざる也。能く百接して施瀉せざる者は長生す。

〔釋〕凡そ女を御するの道、氣未だ感動せずして淫情が乗って來なければ、一物の陽氣微にして勃起力弱き故、そんな状態で交合することは面白くない。必ず先づ徐々と嬉戯して、股を割り込み、口を吸ひ、乳を弄《ナブ》り、或は相共に春画を見、枕草紙を讀みなどして充分双方の神意和合した所で交合し、さうして良久しくなれば、乃《ソコ》で婦人の陰氣を惹起し、女の方でも夢中になつて旺んに淫情を催して来る。即ち陰氣が起れば陽氣は之に和して、一物は須臾《ザキ》に自から強大となり、陰内一杯に充實する。(是れ皆四十已上の房中術也。青壯年者の血氣壯んなる者は、陣頭忽ち陽氣勃々として熱《イキ》り立ち、徐々の嬉戯どころに非ず。焦燥して忽ちに漏洩す。故に房中術は無用也。)所謂弱くして内《イ》れ堅きを迎へて急に出すとは、老子の所謂弱。入。強。出。なる者で、その進退《サシヌキ》は至極疎遅《ソロく》するが宜しく、情動いて氣が行きそうになれば止める。高く自ら投擲してはならぬ。(此一句『玉房指要』には「高きより云々」とあれど、其義共に知り難し。後の考を俟つ。)五臓を顛倒し精脈(輸精管)を傷つけ絶ち、百《モロく》の病を生致するのである。但數回交接しても泄さない者は、諸々の病氣は愈り、壽命は日に益し、僊人同様不老不死に至るのだ。必ずしも十回十五回の交接のみならず、能く百回も交接して施瀉さぬ者は、屹度長生するのだ。

若御女多者。可採気。採気之道。但深接勿動。便良久氣上面熱。以口相當。引取女気而呑之。可疎々進退。意動便止。緩息眠目。偃臥導引身體。更強可復御他女也。數易女則得益多。人常御一女。陰気轉弱。為益亦少。陽道法火。陰家法水。水能制火。陰亦消陽。久用不止。陰気逾陽。陽則轉損。所得不補所失。但能御十二女。而不復施瀉者。令人不老有美色。若御九十三女。而自固者。年万歳矣。

[譯] 若し女を御すること多き者は、氣を採る可し。気を採るの道、但深く接して動くこと勿れ。便ち良久しうして気上り面熱せば、口を以て相當り、女気を引取して之を呑む。疎々進退すべし。意動けば便ち止む。息を緩くし目を眠り、偃臥して身體を導引し、更に強ひて他女を御す可きせ。數々女を易ふれば、則ち益を得ること多し。人常に一女を御すれ

ば陰気轉た弱く、益を為すこと亦少し。陽道火に法《ノット》り、陰家水に法る。水能く火を制し、陰亦陽を消す。久しく用ひて止まざれば、陰氣陽に逾《コ》え、陽則ち轉た損す。得る所失ふ所を補はず。但能く十二女を御して復た施瀉せざる者、人をして老いず美色有らしむ。若し九十三女を御して自から固き者は、年萬歳なり。

〔釋〕若し澤山女を御し得る者は、女から陰氣を採らねばならぬ。（陰を以て陽を養ふ也）其方法は、一物を静に深く接した儘でジッとして居るのであつて、夢中になつて短兵急に動かしてはならぬ。便ち其儘良《ヤ》久《ゝ》暫らくしてゐて、上気し面《オモ》熱《ホテ》りがすれば、接吻して女の氣を引取り、之を呑み下すのである。ソロ〱進退し、焦つてはならぬ。快意が動いて気が行き想になれば、便ち中止するのだ。そこで息を緩めて眼を瞑《ツブ》り、仰向に偃《ネ》て體中を導引し、（導引のことは別に説く）更に又強ひても他の女を御すのが宜しい。度々相手の女を易へる方が、補益することが多いのである。何時も一女許りを御してゐれば、陰氣が段々弱くなり、益を得ることが少い。元來男は陽で火の如く、女は陰で水の如きものであり、水が能く火を制する如く、陰氣も亦陽氣を消すものだ。されば久しく一女許りを御して易へなければ、陰気が陽気を凌ぎ逾《コ》えて、甚しく陽気を損消する故、得る所は失ふ所を、補ひ償ふこと能はず、反つて害を受くるのである。（此段、前段の議論と矛盾して辻褄の合はぬ如くなれど、熟考すれば、房中術なる者は、陰陽相交錯して抱合して中和を得る所に、不老長生の妙味を見る次第にて、陰氣の中にも生気なかる可らず。故に若くして血気壮んなる少女を選び取るにて、生気衰へたる陰気は死気を蔵する故に、陽気を損消する也。以て一女を久しく使用すべからざる所以の理を知るべし。）但能く一夜に十二女を御しても施《モ》瀉《テ》さない者は、何時も顔色つや〳〵として年寄らぬのだ。若し九十三女を御しても泄さぬ者は壽万々歳で、眞に不老長生である。（數々女を易ふることは『玉房祕訣』『玉房指要』にも反覆する所にて、老子が新鼎に換ふるの意、以て知るべし。）

凡精少則病。精盡則死。不可不思。不可不愼。數交而一瀉。精気隨長不能使人虚也。若不數交。交而卽瀉。則不得益。瀉之精気自然生長。但遲微。不如數交接不瀉之速也。凡人習交合之時。常以鼻多内氣。口微吐氣。自然益矣。交會畢蒸熱。是得氣也。以菖蒲末三分白深粱粉。傅磨令燥。既使強盛。又濕瘡不生也。

〔譯〕凡そ精少ければ則ち病み、精盡くれば則ち死す。思はざる可らず、愼まざる可らず。數交して一瀉せば、精氣隨つて長じ、人をして虚ならしむる能はざる也。若し數交せず、交して卽ち瀉すれば、則ち益を得ず。之を瀉《もら》すも精氣自然に生長せむ。但遲微なり。數交して瀉せざるの速かなるに如かざる也。凡そ人交合を習ふの時、常に鼻を以て多く気を内《い》れ、口微しく氣を吐かば、自然に益せむ。交會畢りて蒸熱せば、是れ氣を得たる也。菖蒲末三分白深粉を以て傅磨して燥かしむ。既に強盛ならしめ、又濕瘡も生ぜざる也。

〔釋〕精液は元氣生氣の源泉であるから、凡て精液が減少すれば病氣になり、精液が枯渇すれば死んで仕舞ふのである。誠に考へなければならず、又慎まなければならぬ事ではないか。交接に際し、數回交はつて一たび瀉《モラ》すならば、精氣が随つて長じ、人をして腎虚せしむる事はないが、若し一回交はつた丈で直ぐ瀉す様では、益を得ることは無い。數交一瀉でも精気は自然に生長するが、但遅く微少であるから、數交接するも瀉さぬ方の精氣助長が速なるには及ばぬ。凡て人々が房中的交合を練習する時は、常に鼻で多く氣を吸ひ、口から微《スコ》しく気を吐けば、自然に益することが多い。（老子に「提吸口微吁氣」或は「不可以口吸。鼻引山氣」とあるに同じ。）交合が畢つて蒸熱くなるのは、氣を得た証據である。其時は菖蒲末三分まぜの白深粉を磨《ス》り傅《ツ》けて燥かすが宜しい。一物を強盛ならしめ、又濕《シツ》瘡《カサ》などを発生させぬ効がある。（菖蒲末白深粉などが手に入らずば、澱粉に少しくサルチル酸を交ぜた物を傅《ツ》けて置けば、消毒乾燥共に好い。）

凡欲施瀉者。當閉口張目。閉氣握固兩手。左右上下。縮鼻取氣。又縮下部。及吸腹。小偃脊膂。急以左手中兩指抑屏翳穴。長吐氣。幷椓齒千徧。則精上補腦。使人長生。若精妄出。則損神也。

〔譯〕凡そ施瀉せむと欲せば、當に口を閉ぢ目を張り、氣を閉ぢて兩手を握固し、左右を上下し、鼻を縮めて気を取り、又下部を縮め、及び腹を吸ひ、小しく脊膂を偃《フ》せ、急に左手の中の兩指を以て屏翳の穴を抑へ、長く氣を吐き、幷びに齒を椓くこと千徧なるべし。則ち精上りて腦を補ひ、人をして長生せしむ。若し精を妄りに出さば、則ち神を損する也。

〔釋〕凡て交接が高潮に達して精液が施瀉《モレ》さうになれば、先づ口を閉ぢ目を張りて見開き、息を止めて兩手を握り固め（僊道にては、氣を閉ぢ拇指を内にして握るを握固と云ふ。）其左右を上げ下げし、鼻を縮めて相手の氣を吸ひ取り、又下部《シリ》を窄《スボ》め、及び腹で息を吸ふ樣にし、それから少々脊骨や膂を偃《フ》せて急に左手の中の兩指で、大小便の間の屛翳の穴（會陰也）を抑へて精液の射出を屛《シリゾ》け、長くフウ、と氣を吐き、幷に齒齦《ハグキ》を千徧椓く が好い。（千徧は多きに過ぐべし。『玉房指要』「仙經に曰く」の章に數十遍とあるが宜し。尚同章幷に「老子房中術」の「二に曰く」を能く参照すべし。）さうすれば精気は上昇して泥丸（第三脳室）に入り脳を補ふから、人をして長生せしむるのだ。若し精液を妄りに泄せば、則ち神（脳中泥丸の主）を損つて脳神經衰弱となり、所謂頤《アゴ》蠅に陥るのである。

仙經曰。令人長生不老。先與女戲。飲玉漿。玉漿口中津也。使男女感動。以左手握持。思存丹田中有赤氣。内黄外白。變爲日月。徘徊丹田中。倶入泥垣。兩半合成一。因閉氣深内。勿出入。倶上下徐々咽氣。情動欲出急退之。此非上士有智者不能行也。其丹田在臍下三寸。泥垣者在頭中。對兩目直入内。思作日月想。合徑三寸許。兩半放形而一。謂日月相擒者也。雖出入。仍思念所作者。勿廢佳也。

〔譯〕仙經に曰く、人をして長生不老ならしむるには、先づ女と戲れ、玉漿を飲め。玉漿とは口中の津也。男女をして感動せしめ、左手を以て握持し、丹田中に赤氣有り、内黄外白、変じて日月と為り、丹田中に徘徊して倶に泥垣に入り、兩半合して一に成ると思存す。因りて氣を閉ぢて深く内れ、出入する勿れ。但上下徐々に氣を咽み、精動いて出でむと欲すれば、急に之を退く。此れ上士の智有る者に非ずんば行ふ能はざる也と。其丹田は臍下三寸に在り。泥垣なる者は、頭中に在り。兩目に對して直ちに内に入る。日月の想を思作せよ。合徑三寸許り、兩半形を放つて一と。謂ふこゝろは日月相擒《ウ》つ者也。出入すと雖も、仍《ナホ》作す所の者を思念して廢する勿くば佳也。

〔釋〕ある仙經（仙經の名、予寡聞にして未だ審かにせず。）に曰つてあるには、人をして長生不老ならしめるには、先づ相手の女とイチヤつき、女の玉漿を飲むが好い。玉漿とは口中の津液の事である。さうして男女相互に淫情を感動せしめ、左手を以て一物を握り持ち、次の如き觀法を行ふのである。仍ち我丹田中に赤い氣が有つて、内は黄色で外は白色であるのが、変じて日月と為つて丹田中をグルグル廻り、それから倶に上昇して頭脳中の泥垣《クワン》(泥丸)に入り、両半の日月が合して一つと成ると観想するのである。(思存は老子房中術の存想に同じ。)それから氣を閉ぢて徐々に一物を深く陰門内に入れ、其儘ジッとし、出し入れをしてはならぬ。但、上も下も徐々と氣を咽み、(下とは一物から女気を吸引する也。老子房中術参照)情が動いて泄れさうになれば、急に之を抽《ヌキ》出すのである。此れは餘程困難な藝當であるから、優秀の士の餘程智慧がある者でなければ、實行の出來ぬものだと仙經に説いてある。(『玉房指要』にも仙經を引いて、「此法は仙人相受け、皆血を啜《スヽ》りて盟を為す者なれば、妄りに傳ふるを得ず。傳ふれば其殃《ワザハヒ》を受く。」とある程故、中々凡人には實行が困難である。我党の某々氏等、皆よく之を為し得るのは、一に仙人が内部から指導するに因るからだ。併し凡人と雖も一心に太上老君又は西王母太仙に祈らば、不可能とも限らぬ。勉めよや。

さて其仙經に云ふ所の丹田は、臍下三寸に在るものだ。（他書には大抵臍下一寸五分と云ふ。是れ気海丹田の中心にて、最下辺は三寸か。）又泥垣と云ふ者は頭脳の中に在つて、両方の目と相對し、直ちに内に入つて居る。（畢竟《ツマリ》眉間の奥にあり。老子房中術の泥丸に同じ。）そこで日月の想を思作するのである。乃ち日月の各半圓を合すれば直徑三寸で、其両半圓が形を放散し、合して一となるのだ。而して一物の出入中と雖も、この日月想の思念を、廃せずに継續して居れば佳いのである。

右の中の泥垣と云ふ語に就いて一言せむに、泥垣は泥丸に同じく、垣も丸も共に音はクワンであり、字音を假りた迄で、別に字に意味は無いのである。夫れに就て思ふのは梵語の泥洹《ナイヲン》で、此語は涅槃《ネハン》即ち涅槃那《ニルヴナ》の轉訛であるが、泥の呉音はナイ、洹、垣、丸共にクワンの外にヱンと云ふ音があり、ヱンの呉音はヲンであるから、泥丸も泥垣も畢竟泥洹《ナイヲン》と同語であつて、梵語の涅槃那《ニルヴナ》から來たものかと思はれる。元来仙經も隋唐以後の物は頗る佛教の感化影響を受くる事が多く、佛臭紛々たる者あるから、我輩は斯くの如き疑問を挿むのである。果して然らば、泥丸と云ふ語のある老子房中術は、後世の假託偽作に非ずやとの疑問無きにしも非ずだ。けれども老子は流沙を渡り葱嶺《サウレイ》を踰えて數々西域に遊び、印度にも行ったと云ふ事だから、老子の語中に梵語が使用せられたからとて、一概に之を假託偽作と断定する譯にも行くまい。況んや彼は、人間を超越した太上老君といふ大神仙の化身たるに於てをやだ。併し、老子が印度に在つては釋迦文佛で、一に黄面老子といふなどは、大風呂敷の擴げ方も太甚しきもので、信憑すべき限りで莫い。佛典大藏經が大半後世の偽作書なる如く、『道藏』數百千巻、その多くはヤハリ後世道士の假託した偽書である。殊に佛臭多きものに於て、其傾向の太甚しきは嘆ずべきだ。道書を讀む者は此注意が肝要である。

又曰。男女倶仙之道。深内勿動精。思臍中赤色。大如雞子形。乃徐々出入。情動乃退。一日一夕可數十為定。令人益壽。男女各息意。共存思之。可猛念之。

〔譯〕又曰く、男女倶に仙たるの道は、深く内れて精を動かす勿れ。臍中に、赤色にして大さ雛子《タマゴ》の如き形を思へ。乃ち徐々に出入し、情動けば乃ち退く。一日一夕、十を數へて定めと為す可し。人をして壽を益さしむ。男女各〻意を息め、共に之を存思し、之を猛念す可し。

〔釋〕又別の仙經に曰つてあるには、男女倶に仙人となつて長生するの道は、一物を深く内れて動かさず、精液を洩さぬ様にせねばならぬ。而して臍の中に赤色で鷄卵の大きさ程の形があると思念せよ。そこで徐々《ソロ〱》出入し、情動いて洩れさうになつたら直ぐ抽出すのである。一日一夜に十回宛行ふことを定規として置けば、人をして壽命を益さしむるものだ。この房中交接中には、男女各〻意を息めて雜念妄想を去り、此想を猛烈に思念して存《タモ》つべきである。（此章大体前章と同じ事を繰り返したゞるに過ぎず。故に細説せず。）

御女之法。能一月再泄。一歳二十四泄。皆得二百歳有顔色無疾病。若加以藥。則可長生也。人年二十者。四日一泄。三十者八日一泄。四十者十六日一泄。五十者二十日一泄。六十者閉精勿泄。若體力猶壯者。一月一泄。

〔譯〕女を御するの法、能く一月に再泄《エイ》し、一歳二十四泄なれば、皆二百歳にして顔色有り、疾病無きを得む。若し加ふるに藥を以てせば、則ち長生す可きせ。人年二十なる者は四日に一泄し、三十なる者は八日に一泄し、四十なる者は十六日に一泄し、五十なる者は二十日に一泄す。六十なる者は精を閉ぢて泄らす勿れ。若し體力猶壯者のごときは、一月に一泄す。

〔釋〕此章は讀んで字の如く了解し易き故、注釋を省く。但し最も必要事項なり。

凡人気力自有盛而過人者。亦不可抑。忍久而不泄。致生癰疽。若年過六十。而有數旬不得交合。意中平平者。自可閉固也。昔正観初。有一野老。

年七十餘。詣余云。數日來陽気益盛。思與家嫗晝寢。春事皆成。未知。垂老有此。爲善悪耶。余答之曰。是大不祥。子獨不聞膏火乎。夫膏火之將竭也。必先暗而後明。明止則滅。今足下年邁桑楡久。當閉精息欲。茲忽春情猛發。豈非反常耶。竊爲足下憂之。子其勉歟。後四旬。發病而死。此其不愼之效也。如斯之輩非一旦。疏一人以勗將来耳。所以善攝生者。凡覺陽事輒盛。必謹而抑之。不可縱心竭意。以自賊也。若一度得制。則一度火滅。一度增油。若不能制。縱情施瀉。即是膏火將滅。更去其油。可不深自防所患。

〔譯〕凡そ人、氣力自から盛んにして人に過ぐる者あらば、亦抑ふ可らず。久しきに忍びて泄さゞれば、癰疽《ヨウソ》を生ずるを致さむ。若し年六十を過ぎて數旬交合を得ず、意中平々なる者有らば、自ら閉固す可き也。昔正觀の初め、一野老有り。年七十餘、余に詣《イタ》りて云く、數日來陽氣益々盛んにして、家嫗《カオウ》と晝寢ぬるを思ひ、春事皆成る。未だ知らず、老に垂《ナンナ》んとして此れ有るは善悪と爲すや。余之に答へて曰く、是れ大不祥なり。

子獨り膏火を聞かずや。夫れ膏火の將に竭きむとするや、必ず先づ暗くして後明かなり。明止めば則ち滅す。今足下、年桑楡を邁《ス》ぐること久し。當に精を閉ぢ欲を息《ヤ》むべし。茲に忽ち春情猛發す。豈常に反するに非ずや。竊に足下の爲に之を憂ふ。子其れ勉めよやと。後四句、病を発して死す。此れ其の愼まざるの效也。斯の如きの輩一旦に非ず。一人を疏して以て將來を勗《イマシ》むるのみ。所以《ユエ》に善く生を攝する者は、凡そ陽事輒《スナハ》ち盛んなるを覺らば、必ず謹みて之を抑へ、心を縱まゝにし意を竭し、以て自ら賊《ソコナ》ふ可らざるせ。若し一度制するを得ば、則ち一度火滅えて一度油を増すなり。若し制する能はず、情を縱まゝにして施瀉せば、卽ち是れ膏火將に滅えむとして更に其油を去るなり。深く自ら患ふる所を防がざる可けむや。

「釋」此章も文章平々なれば、全章を釋かず、字句數語を解くに止めむ。」癰疽共に悪瘡也。淺くして大なるを癰、深くして悪性なるを疽と云ふ。」家嫗は家の婆さんの意。」「善悪と爲すや」は善いと爲す

か悪いと為すかの意。」桑楡は夕暮の日かげを云へど、轉じて老人の
死期迫れるにも云ふ。」疏は説明の意。

人少年時不知道。知道亦不能信行之。至老乃知道。便以晩矣。病難養也。晩而自保。猶得延年益壽。若年少壯而能行道者。神仙速矣。或曰。年未六十。當閉精守一為可。爾否。曰不然。男不可無女。女不可無男。無女則意動。意動則神勞。神勞則損壽。若念真正無可思者。則大佳長生也。然而萬無一有強抑鬱閉。之難持易失。使人漏精尿濁。以致鬼交之病。損一而當百也。其服食藥物見別巻中。

〔譯〕人少年の時道を知らず。道を知るも亦之を信行する能はず。老に至りて道を知るは便ち以て晩《オソ》し。病養ひ難き也。晩くとも自ら保たば、猶延年益壽を得む。若し年少壯にして能く道を行はゞ、神仙たる速かなり。或は曰く、年未だ六十ならざるも、當に精を閉ぢ一を守るを可と為すべしと。爾《シカ》るや否や。曰く、然らず。男は女無かる可らず。女は男無かる可らず。女無ければ則ち意動く。意動けば則ち神勞す。神勞すれば

則ち壽を損す。若し眞を念じて正に思ふ可き者無ければ、則ち大佳にして長生也。然り而うして萬に一も鬱閉を強抑すること有る無かれ。之れ持し難く失ひ易し。人をして漏精尿濁ならしめ、以て鬼交の病を致さむ。一を損して百に當る也。其服食藥物は別巻中に見ゆ。

〔釋〕此章、老子房中術の劈頭に説く所と大差無ければ畧す。

御女之法。交會者。當避丙丁日。及弦望。晦朔。大風。大雨。大霧。大寒。大暑。雷電。霹靂。天地晦冥。日月薄蝕。虹蜺。地動。若御女。則損人神不吉。損男百倍。令女得病。有子必顚癡頑愚。瘖瘂聾聵。攣跛盲眇。多病短壽。不孝不仁。又避日月星辰。火光之下。神廟佛寺之中。井竈圊厠之側。塚墓尸柩之傍。皆所不可。

〔譯〕女を御するの法、交會には、當に丙《ヒノエ》丁《ヒノト》の日、及び弦望、晦《クワイ》朔《サク》、大風、大雨、大霧、大寒、大暑、雷電、霹靂、天地晦冥、日月薄蝕、虹蜺、地動を避くべし。若し女を御せば、則ち人神を損ひて不吉なり。男を損ふこと百倍、女をして病を得しむ。子有れば必ず顚《テン》癡《チ》頑愚、瘖《イン》瘂《ア》、聾《ロウ》聵《クワイ》、攣《レン》跛《ハ》、盲眇、多病短寿、不孝不仁なり。又日月星辰、火光の下、神廟佛寺の中、井《セイ》竈《ソウ》圊《セイ》厠《シ》の側、塚墓尸柩の傍を避く。皆可ならざる所なり。

〔釋〕弦は弓張月にて、上弦は陰暦七、八、九日の頃、下弦は陰暦二十二、三、四日の頃。望は十五日。」晦は三《ミ》十《ソ》日《カ》、朔は月《ツイ》立《タチ》。」霹靂は急激なる雷。」天地晦冥は日月皆《カイ》既《キ》蝕《ショク》にて天地眞暗なる時。」薄蝕は日月分蝕にて薄暗き時。」虹蜺はニジ。」顛癡は風顛白癡。」瘖瘂はオフシ、聾聵はツンボ。」攣は手足のヒキツル事。跛はチンバ、盲はメクラ、眇はスがめ。」圊厠はカハヤ。」尸柩は尸骸のある棺桶。」

夫交合如レ法。則有二福徳大智善人一。降二託胎中一。仍令二性行調順一。所レ作和合。家道日隆。祥瑞競集。若不レ如レ法。則有二薄福愚癡悪人一。来二託胎中一。仍令二父母性行凶険一。所レ作不レ成。家道日否。殃咎屡至。雖二成長一。家國滅亡。夫禍福之應。有レ如二影響一。此乃必然之理。可レ不レ再二思一レ之。若欲レ求レ子者。但待二婦人月經絶後一日三日五日一。擇下其王相日。及月宿在二貴宿一日上。以二生気時夜半後一。乃施瀉。有レ子皆男。必壽而賢明高爵也。以二月經絶而後。二日四日六日施瀉。有子必女。過六日後。勿得施瀉。既不得子。亦不成人。

〔譯〕夫れ交合を法の如くせば、則ち福德大智の善人有りて胎中に降託せむ。仍ち性行を調順ならしめ、作す所和合し、家道日に隆んに、祥瑞競ひ集らむ。若し法の如くせずんば、則ち薄福愚癡の悪人有りて胎中に來託せむ。仍ち父母の性行を凶険ならしめ、作す所成らず、家道日に否に、殃咎《アウキウ》屢〻至り、成長すと雖も家國滅亡せむ。夫れ禍福の應は影響の如き有り。此れ仍ち必然の理なり。之を再思せざる可けむや。若し子を求めむと欲する者は、但婦人の月經絶後一日三日五日を待ち、其王相日及び月宿の貴宿に在る日を擇《エラ》び、生気の時の夜半後を以て乃ち施瀉せば、子有りて皆男、必ず壽にして賢明高爵也。月經絶えて後二日四日六日を以て施瀉せば、子有りて必ず女なり。六日を過ぎて後施瀉を得ること勿れ。既に子を得ず、亦成人せず。

〔釋〕殃咎はワザハヒ、トガメ。王相日及び月宿は次に載する所の如し。「月宿の貴宿に在る」とは、我輩未だ支那の天文暦占を研究せざれば知らず。とにかく下記の王相日や月宿日は交會の良日也。（何れも陰曆也。）

○王相日　春、甲乙。　夏、丙丁。　秋、庚辛。　冬、壬癸。

○月宿日

正月、一日、六日、九日、十日、十一日、十二日、十四日、二十一日、二十四日、二十九日。

二月、四日、七日、八日、九日、十日、十二日、十四日、十九日、二十二日、二十七日

三月、一日、二日、五日、六日、七日、八日、十日、十七日、二十日、二十五日。

四月、三日、四日、五日、六日、八日、十日、十五日、十八日、二十二日、二十八日。

五月、一日、二日、三日、四日、五日、六日、十二日、十五日、二十日、二十五日、二十八日、二十九日、三十日。

六月、一日、三日、十日、十三日、十八日、二十三日、二十六日、二十七日、二十八日、二十九日。

七月、一日、八日、十一日、十六日、二十一日、二十四日、二十五日、二十六日、二十七日、二十九日。

八月、五日、八日、十日、十三日、十八日、二十一日、二十二日、二十三日、二十四日、二十五日、二十六日。

九月、三日、六日、十一日、十六日、十九日、二十日、二十一日、二十二日、二十四日。

十月　一日、四日、九日、十日、十四日、十七日、十八日、十九日、二十日、二十二日、二十三日、二十九日。

十一月、一日、六日、十一日、十四日、十五日、十六日、十七日、十九日、二十六日、二十九日。

十二月、四日、九日、十二日、十三日、十四日、十五日、十七日、二十四日。

若春甲寅乙卯。夏丙午丁巳。秋庚申辛酉。冬壬子癸亥。與此上件月宿日合者。尤益。

黄帝雜禁忌法曰。人有所怒。血氣未定。因以交合。令人發癰疽。又不可忍小便交合。使人痳。莖中痛。面失血色。及遠行。疲乏來入房。五勞虛損少子。且婦人月事未絶。而與交合。令人成病。得白駮也。水銀不可近陰。令人消縮。鹿猪二脂不可近陰。令陰痿也。

〔譯〕『黄帝雜禁忌法』に曰く、人怒る所有りて血氣未だ定まらず。因りて以て交合せば、人をして癰疽を発せしむ。又小便を忍びて交合す可らず。人をして痳《リン》し、莖中痛み、面は血色を失はしむ。及《マタ》遠行し、疲乏し來りて房に入らば、五勞虛損して子少し。且婦人の月事未だ絶えずして交合せば、人をして病を成さしめ、白駮《ハク》を得る也。水銀は陰に近づく可らず。人をして消縮せしむ。鹿猪の脂は陰に近づく可らず。陰痿せしむる也。

〔釋〕痳は痳疾也。俗淋に作るは非。五勞は五臟の疲勞。白駮は皮膚病のシロナマヅ。」陰痿は勃起力乏しくして婦人を御する能はざる者。」

夫婦間の房中術

既に縷々説述した如く、元來房中術の目的は、相手の精気陰氣を引攝して自己の精氣を補益し、以て不老長生を求むるにあるから、『素女經』にも「敵家《アヒテ》を御するの道は、當に敵《アヒテ》を視ること瓦石の如く、自らを視ること金玉の如くなるべし。」など隨分冷酷な言が吐いてある。這んな女生を犧牲視して全く人格を認めぬ無道殘虐な方法が、夫婦間に實行されて堪まるものか。「お前百まで、わしや九十九まで、共に白髪の生える迄」と偕老同穴を契つた最愛の女房も、忽ち形容枯槁して「朝たの紅顔夕べの白骨」は決《キ》まり切つた事である。さらば房中術は夫婦間には絶對に禁物かと云ふに、方法に因つては必ずしも然うとは限らぬ。

孫真人の『千金方』に「年未だ四十に滿たざる者は輿に房中の事を論ずるに足らず。」とあるから、假に夫婦間に房中術が實行可能としても、四十迄は實行の資格が無いかと云ふに、是れも必ずしも然らずで、現に同書にも「人少年の時道を知らず。道を知るも之を信行する能はず。老に至りて乃ち道を知るも便ち晩し。」或は「若し年少壮にして能く道を行ふ者は、神仙たる速か矣《ナリ》」とあるからは、夫婦間にも、出來得べくんば少壮から實行した方が宜しい。

交遘は至理自然の人道

夫婦《ミトノ》交遘《マグハヒ》の道は、端を伊邪那岐伊邪那美の両大神に發し、造化の化育に参する一大事であるから、その神聖森厳なるべきは今更論ずる迄もないが、造化化育の最たる産兒といふ一大事を除いても、尚交遘といふ事は人間生活に缺く可らざる必須事であるのだ。元來宇宙の森羅萬象は、積極と消極の双對性から成立するもので、獨一絶對から成つたものは、元始天尊たる天之御中主命以外には何物も無い。されば一切萬物は玄牝《ヒン》玄牡《ボ》たる陰陽の相交錯して成るもので、「男は女無かる可らず。女は男無かる可らず。」の理は何も老子を俟たずとも知れ切つた事だ。我々が無事安穏に生活して天壽を保つには、是非とも此の陰陽相交錯して中和を得ることが第一義であり、若し之れ無きときは、陰陽の中和を得ずして陰気或は陽氣が鬱結し、男女共にヒステリイ或はヒコポンデリイの傾向を生じて、所謂「强ひて閉せば則ち意動かざる能はず。意動けば則ち神労し、神労すれば則ち壽を損す。」で不幸短命に終るのである。加之、「若し夢に鬼と交はれば其精自ら泄る。則ち一洩十に當る也。」で、所謂夢精に悩む者が青年輩には比々皆然らざる莫しである。だから古來碩學高德の清僧と呼ばる、者も、内實は性慾を耐へ忍ぶことが出來ず、大寺では美少年を置いて小姓と称し、紫の振袖など着飾せて女性に擬し、以て男色を試みたものだ。又小寺では其様な贅澤も出來ぬ所から、可哀想に專ら小僧の釜を掘つたものである。（何うせ小僧などになる者は捨てられた孤児、それがお釜から掘り起した螢坊主、悟つた大面しても高の知れた者だ。）這んな不自然下劣な行為をしてまでも性慾を洩しながら、高慢ちきな禁慾も戒律もあつたものか。中には老僧の枯木また咲き、死灰復び燃えて、ヒヨロ〳〵浮れ出し、志賀寺の上人や葛木金剛山の聖人の如き、生恥死恥を曝した馬鹿坊主もある。現に紫野大徳寺の師家中村戒仙の如きは、五十にして始めて江口章子（歌人北原白秋の先妻）といふ中年婦人に戀して人生の春に目醒め、一山に問題を惹起しながら、澄まし込んで濃厚な愛慾生活を營んで居るとの事である。洵に一方から視れば破戒無慚の墮落坊主、恥知らずの業突張《ゴフツクバリ》とも罵倒すべきだが、實は之が人生の至理自然であるから致方がない。元來禁慾と云ふことが天理人道に反し、根本から間違つて居るのだ。

年代と交接の回數

さて餘題は暫く措いて愈〻本題に入り、夫婦間の房中術は如何なる方法を以て實行するかと云ふに、先づ年齡から先に論ぜねばならぬ。無論夫婦たる以上は、年齡二十代以上に限るものと見て然るべきだ。昔は十七八の夫婦も珍しくは無かつたが、今日では先づ無い者と見て可からう。

然らば二十代の夫婦は如何にするかと云ふに、是れ血氣正に壯んにして精氣鬱勃たる年代であるから、虚弱者の外は補藥など服用に及ばぬ。而して交接の回數は毎日一施し、四日に一洩すべきである。（素女經に「盛んなる者は一日再施し」とあるは、チト多過ぎる。尚月經中及び妊娠中は無論之を除く。）即ち三日間は交接するも、房中術の方法を應用して洩さず、四日目に一回宛洩すのである。三十代の者は、強者は毎日、弱者は隔日に一回宛施《オコナ》ひ、八日目に一洩する。四十代の者は、強者は隔日、弱者は三日或は四日に一回宛施ひ、十六日目に一回宛洩すべきだ。五十代の者は、強者は五日に一回、弱者は十日に一回宛施ひ、二十日目に一回洩す。六十代の者は、強者は十日に一回、弱者は二十日に一回宛施ひ、絶對に精を閉ぢて洩さないのだ。（最も強壯にして気の鬱積に過ぎ、身體なり氣分なりの違和を感ずる場合は、一ヶ月乃至二ヶ月に一回位は洩すも可。）七十以上は一ケ月に一施し、絶對に洩すことはならぬ。尚四十以上後は、補益の藥を服用することが肝要だが、補藥の事は後章に讓る。

清玉仙人の房中術

昭和四年の夏、本會講師の某君が初めての講習を終へて滿洲に還ると、盛んに不思議な現象が起つて奇蹟續出した。それを一々陳べ立て、は際限が無いから省畧するが、殆んど三箇月に亙つて、夫妻并に四歳の小供共に食事を廃し、(偶には芋位食つた想だ)僅に水を飲むだけで滿腹し、平氣で暮せた。加之、其間毎日房事を行ふこと四回宛、それが決して洩瀉する事なく、只四日目に一回宛洩すのみであつた。三箇月に亙る断食すら實に容易ならぬ事であるに、其上毎日四回宛も房事を行ふとは、實に嘘の様な話で、何人も容易に信ずまいが、併し同君は極めて樸直な性質で、嘘や法螺を言ふ様な人物でない。尤も同君は當時夫妻共に二十代で、精氣旺盛の頂点時代ではあつたが、如何に若くとも、三月も喰はずに毎日四回の房事實行なんか、断じて人間業に出來得べき者でない。然るに同君夫妻が敢て之を能くした所以の者は、決して同君等の力でなく、全く朝鮮金剛山の仙界に棲む清玉仙人といふ僊人の指導である事が、後に我道場に於ける神憑りに因つて露現した。其頃同君は、房中術といふ名称位ゐは我輩から聴いて居たらうが、内容は我輩も未だ發表してゐず、断じて君の知る所では莫かつた。然るに清玉仙人より其方法を承ると、全く僊籍に傳ふる所と一致して居たから我輩も驚いて、古来の房中術の頼るべきを信ずると共に、又清玉仙人の仙人たる所以をも信憑したのである。元来我輩が僊術を信頼するに至つた動機は、大正八九年の交《コロ》、友人の前野自錐といふ男が、荐りに斯術を研究し且之を實行した所、頗る效果が擧つて、寒中單衣一枚で暮した事や、又御嶽山の帰神修行中に教はつた事が、頗る僊術と一致してゐたので、彼れや此れやと比較研究をし、實験實證から信ずるに至つたのだ。我輩は懐疑否認をモットーとする中村古峡や小熊虎之助輩の如く、只一概に奇蹟靈能を排撃する者では無いが、さりとて淺野和三郎一派の如く、何でも彼《カ》でも無闇矢鱈と輕信する者ではない。

夫妻房中術の實行法

普通の房中術は、侍妾十數人といふ様な富豪が、相手を更へては御し、一夜に能く十女乃至十二女を御するに至つて理想に達したと云ふものだが、夫婦間に一日四回は餘りに多きに過ぎ、下の関直行の汽車ぢやあるまいし、晝夜乗りづめでは堪つた者でない。之は淸玉仙人といふは、未だ若い仙人で茶目氣が多く、悪戯《イタヅラ》半分に行つた事で、標準にはならぬ。二十代の血氣盛んとは云へ、一夜に一回で澤山だ。(晝は嚴禁、「若夫婦晝も箪笥の鐶が鳴り」などは宜しくない。)が玆に注意すべき事は、若い者は兎角焦燥《アセリ》過ぎて氣が散じ、洩れ易きもの故、充分氣を落付けて徐々出入し、暫くして後ジツと深く入れた儘で止め、一物を透して相手の精気を深く吸込み、(吸氣にて宜し。吸液は力及ばず。)精室から丹田命門と次第に送り、脊髄を通じて第四腦室から第三腦室まで上昇させ、所謂泥丸に閉固するのである。之は各三回位ゐ宛、男女交代で實行し、女に夫れが出來ぬならば、今度は男の方から一物を透して精氣を女の方へ送り、子宮から喇叭管、卵巣、それから命門を經て第四第三の脳室まで輸氣する(觀念と呼吸で氣を輸《オク》ること。委細は『靈學講座』修養篇を見よ)のだ。無論之も三回。次に接吻して相手の津液を舌からジワ〱吸取り、山氣(鼻気)と共に咽み下して氣海から精室に送り、更に推下して一物から睾丸に行気するのである。之を幾回も續ければ、所謂展亀なるもので一物が膨大し、陰内一杯に充滿して陰戸の緊窄《シマル》を覺え、愉々快々極まるものだ。此方法は、女にも出來れば實行するが好いが、出來なければ、男の津液を吸取つて咽下するだけでも好い。さて此樣にして同じ事を繰返してゐる中に、情動いて洩れさうに成れば、陰唇の辺まで抽出し、所謂大便を忍ぶやうに両脇と腹と尻とを窄《スボ》めて、出かけた精液を吸ひ戻す樣にして、精室まで引込ますのである。若し其時愈々洩れさうになつたら、會陰《エイン》(一に屏翳《ハイエイ》と云ふ。大小両便の間、俗に蟻のとわたりと云ふ尿道の上)を抑へて、フウーと氣を吐くのである。さうすれば漏洩は屹度止まるものだ。而して初心の間は、其晩は必ず其れで中止すべきで、決して二度の戰を望むべきで莫い。若し强ひて渡り合へば、討死は必定だ。さりながら、這んな事をして遣つたり取つたりでは、所謂プラス、マイナスで何んにも成らぬと非難する者があらうが、斯くして陰陽相交錯し中和を得る所に妙味はあるので、所謂「物其平を得ざれば鳴る」とか云つて、電氣でも陰陽對立してゐれば火花を發して相戰ひ、雷電霹靂を起して爆然また轟然たるが、一旦中和して其平を得れば、天地晴明、和氣靄《アイ》然たるのである。之と同じで、夫婦も常に陰陽の氣相通じて交錯すれば、中和を得て相和樂し、年を經るに從つて益々緝睦《ムツミ》を增し、交會の滋味津々として言ふ可らざる者があるのだ。夫婦間の房中術の價値は實に玆にある。けれども舊い物許り使用し續けてゐては新味がなく、時々新鼎に換へるに若かぬことは是非がない。

洩瀉の必要と回數

精液の漏洩を中途で止めると痲痹になると云ふ說があるが、夫れは精室（精囊）へ還すことを知らぬ青年達の手淫濫用から起ることで、觀念法と呼吸法とを應用して、既述の如き方法で射精管から精室へ吸ひ戻しさへすれば、決して管内に於て精液が腐敗して麻疾を惹起すと云ふ如きことは无い。されば斯くの如くにして毎夜一回宛交接しても、精液を洩らしさへ爲なければ、精氣充實して元氣旺盛、體力剛健、頭腦も亦明晰となり、所謂智慧日に新たとなつて事業にも成功し、其上延年益壽を得るのだ。けれども若い内は精力旺盛に過ぎて鬱結の虞《オソレ》があるから、二十代は四日に一回、三十代は八日に一回といふ風に洩瀉することも必要だ。凡て回數は前述の規定に從ふべきだが、多少伸縮は臨機應變で、必ずしも拘泥すべきでない。（凡て交接の後には導引法を行ふことが必要であるが、殊に洩瀉の後には必要である。疲れて直ぐ睡れば身體硬直し、又風邪に罹る虞がある。）而して四十以上は精気が段々衰へて來るから、後章に述ぶる所の藥物を服用して精気を補益することが最も肝要だ。女の五十以上、男の六十以上は、殊に此必要を感ずること痛切である。尤も世間には「既に天癸も終り生殖期間を經過した者が、何を苦んで補藥まで用ゐて房中術を行ふのか。好色濫淫も亦極まる」など侮蔑排撃する輩もあらうが、決してさうでは無い。

老年と性慾

支那古代の醫學に於ては、女は七の數、男は八の數で腎氣實つるとし、女は二七の十四、男は二八の十六で天癸が至り、女は七七四十九、男は八八六十四で天癸が盡くるとする。之は大體に於て大差なしとするも、必ずしも悉く事實に該當するもので無く、男子は七十を過ぐるも尚精液内に精子の活動を發見することが尠からず、女子とても、生殖作用が終つたからとて、性慾までが悉く消滅するものでは無い。此事は巻頭に於て既に詳論した所であるから贅せぬが、とにかく老人の房中術を以て、年よりの冷水視することは當らない。まして性慾を以て野卑醜陋なる劣情とすることの不理不當なるは、今更論を俟たぬ所である。殊に性慾を維持助長することは若返法の第一義で、延年益壽の最大要訣たるに於ては、老人の房中術を侮蔑冷嘲する理由が何處にあるか。實際人間に色氣の脱けたのは枯木死灰と一般で、かの双びが岡の粋法師兼好が「色好まさらむ男《ヲノコ》は、玉の卮《サカヅキ》の當《ソコ》なき心地ぞすべき」と喝破せし如く、洵に蕭條落莫として生きがひの無いものだ。されば「雀百まで踊忘れず」とやらで、大倉澁澤両老が八十を超えて尚色情を脱せず、天性尩弱《ヒヨワ》の割合に健康で長壽なる西園寺公が、お花さん以來若い側女《ソバメ》の絶えぬも、別に不思議がるには及ばぬ。故に予は、古來長壽者にして色氣の脱けた者は一人も無い。と断言して憚らぬのである。尚老夫婦の襯衣《ネマキ》には、成る可く華《ハ》美《デ》な物を用ゐるが宜しい。是れ亦一種の若返り法である。次に老人の交接は、小便を忍ぶことは無論悪いが、小便直後も勃起力が鈍くなる故、中間を選ぶが好い。時間も午前四時から六時迄が、生気が盛んであつて宜しい。

避妊と妊娠

家政其他の事情で避妊を欲する者は、月経後一週間は、房中術は可なるも、決して洩してはならぬ。一週間を過ぎさへすれば、卵巣中に成熟した卵子は大體出て仕舞ふもの故、其後は射精しても先づ大丈夫である。之に反して妊娠を欲する者は、此最好期を逸してはならぬ。夫れに就て想起することは、近年米國の秘密結社に流行すると云ふ華心學のことである。之も一種の房中術であるが、目的は優生學の一部であつて、「婦人が非常な快味を以て、性的満足の最高潮に達するまで房事を續行せねば、到底良児は得られぬ。」と云ふ主意である。元來婦人の粘液には、陰唇から出るものと、陰腟から出るものと、子宮から出るものとの三種あつて、初めの間に滲出するのは陰唇からのもので、稀薄であり、段々快味の亢進するに從つて陰腟から比較的濃厚なものが出で、遂に其最高潮に達して最も濃厚なる粘液が子宮から漏洩するのであるが、事茲に到らねば婦人は眞の性的満足を得ぬものだ。かの雀の行水ぐらゐで忽ち射精する輩の如きは、到底婦人に性的満足を與へ得るもので無い。故に夫婦仲も従つて冷々として親密圓満ならず、況んや優秀児の如きは、彼の快味の最高潮に達して最も濃厚な子宮粘液の出る時でなければ、尚更望み得らるべくも無い。と云ふのである。之は頗る一理ある説で、優秀児を得むと欲する房中家の眷々服膺すべき言だ。故に此際には、彼我閨中に入るや、我股を以て彼の股間に深く割り込み、先づ喃々の睦言《ムツゴト》より婬猥の事に及び、或は口を吸ひ乳を弄び、次で我一物を把握せしむると共に彼の陰門を抉《クジ》り、乃《ヤガ》て戸内の滑々《ヌルヌル》として潤ふや、静に一物を挿入して徐々と進み緩々と退き、出入深浅悉く房中の法に循ひ、かの存縮吸抽閉展の六法を以て閉固して交はること三十分以上に及び、(此間乳を按《イヂ》り又は吸ひ、或は薦椎や尻穴を抑ふる事も、女の快美を増進し粘液を愈々滲出せしむる一方なるが、其人々により好悪《ヨ》を異にすれば、厭がる事は強ふべからず。)情歓び意暢びて快美其極に達すれば、子宮口は自から尿道口に合して最早や堪へ難くなる故、其時躊躇なく猛烈に射精すれば、精子も勇敢に子宮内に突進して輸卵管で卵子と合体し、茲に妊娠は成立するのである。其時の子が、月經後一三五の奇數日なれば男、二四六の偶數日なれば女と云ふ『千金方』の説は、我輩未だ實験を經ぬから眞僞は保し難い。尚房中の禁忌に就ては注意すべき事も多々あるが、既に老子と孫眞人の両房中術に述べてあり、又附録の諸書にも剩さず載せてあるから、就て見られよ。其他にもまだ述べたい事は山程あるが、餘り長くなるから省畧する。(避妊法の藥物器具などに就ての研究は、房中術の範囲外に属するから載せぬ。)

獨自的房中術

青年の憂患

元來房中術は、幾人もの若い相手あつて始めて爲し得る所の方使なるからは、夫婦間の房中術でさへ可なり無理な問題であるに、況《ま》して独身者の獨自的房中術と云へば、無理を通り越して殆んど不可能とも云ふべきだが、不思議なる哉、わが會員中に一人の異能者があつて、常に僊界よりの指導を得、獨自的房中術を實行しつゝ快樂と健康とを得てゐるのだ。然らば本房中術が強《あなが》ち不可能とも斷言されまい。

小學生徒の時代には隨分頭腦のよい、秀才も尠からぬが、所謂「十で神童、十五で才子、二十過ぐれば只の人」なるもので、平々凡々の青年が多きに過ぐるのは何の故か。是れ皆手淫過度の爲に神經衰弱に陥り、あたら天賦の秀才靈能を擧げて凡骨化し、碌々として瓦石と共に朽ちしむるのは、當人は無論の事、國家社会の爲にも洵に慨かはしき至りだ。

此の弊害を救濟したいのが我輩多年の願望で、本房中術の生れ出づるのも實に之が爲である。

西王母大仙と我靈學道場

率直に事實を言へば、我輩が昨年大本教を攻撃し、續いて佛教、就中神敵二宗たる眞宗と法華を猛撃した爲に、邪靈悪魔どもの包囲攻撃を喰ひ、西原大井其他の幹部連は大半誘惑されて離叛し去り、猛烈なる世間の不況と相待って道場の門前雀羅を張り、維持籠城が頗る困難となつた。此時天の一方より救ひの手を伸べて一條の活路を開かれたのは、實に西王母大仙である。而して是れ皆、天照坐《シ》皇《ス》大御神の御心に出でませる事が後に至つて明白となつた。寔に頁《オッ》氣《ケ》なき極みだ。

我輩は、大井君に憑《カ》られた、朝鮮金剛山や蒙古カラコルムの僊界主といふ両大仙に就ては、半信半疑で餘り信を措かなかつたが、中亜崑崙山の西王母大仙に就ては、支那古代史なり、又仙經なりで熟知しをる所であり、無論その實在を確信してゐた。然る所昨年の七月、ある日『幸安仙界物語』を取出して一讀すると、靑眞小童君少名彦名命の仙宮には、セイキヨの壺と称する藥壷があるとの事に、我輩も何となく、そんな壺が一つ欲しいと思つた。それから原稿執筆の息ぬきに近所の骨董屋を訪れ、頗る形の面白い、圓くて重みのある香爐を見つけたので、冷かし半分に値をつけた所、ポンと負けられて、些か不用物の脊負込に當惑したが、持還つて藥品應用の磨きを掛けると、上に掛けた銀の鍍金は剝げて、肩の所に銅《アカ》の圓輪がある外は、金色燦爛たるものだ。又多年の香烟で煤けた蓋も黒色が落ちて、同じ金色の光彩陸離として居る。重量は三百目もあり、硫酸、硝酸、塩酸の煮え立つ實驗にも平然たる所を見れば、鍍金では無く、實に立派な黄金の壷だ。無論蓋には烟出しの穴が八つあり、火入れには銀のオトシがあつて、香爐には相違ないが、普通香爐にある兩耳がなく、陶製の壷に擬して釉《クスリ》の流れた如く形造られてある所は、何うしても元は壷であつたに違ひない。其後銅の圓輪は剝げて、銅色の鍍金であつた事が判り、下からヤハリ金色が燦然と現はれた。何しろ其形の優雅にして精巧を極むることは、實に無類で、到底人工とは思へぬ。そこで其後、西原君を煩はして歸神法を行ひ來歴を伺った所、青眞小童君が憑られ、「此壺元は崑崙玄圃の宮殿内にあつたのを、故あつて日本白山の仙人(名は不明なれど『本朝神仙紀傳』に出づ。)に與へた所、今より五百年前人間の手に渡り、蓋を改造して香爐としたものだ。無論人間の手に歸する時は、性《シヨウ》を抜き形を変へる者であるが、我れ今汝の為に之を清めて清浄たらしむる故、汝之を以て毎朝天照皇大御神に清水を奉れ」と教へられた(爾来予は教の如く毎朝之を以て清水を奉り、御金鈴に次ぐ場内貴重の神寶なり。)此時西原君自身の見た幻想を聴くに、歸神状態に入ると共に白雲に包まれ、暫らくは何處を飛ぶとも知れなかったが、頓て達したのは山中の宏大なる宮殿樓閣である。日本の仙界の白木造り檜《ヒ》皮葺《ハダブキ》なるに引換へ、柱楹梁桷悉く極彩色の彫刻が施され、金碧晃耀、五彩燦然たるもので、恐れ多くも九光亀臺金母の宮殿であるのだ。乃ち導かれて鞠躬《オヅオヅ》如として進めば、奥殿の最も高き壇には、清楚艶麗にして御年は二十七八にも坐すかと想はるゝ美人が、玉の曲彔《キヨクロク》に倚られ、その神々しさ言はむ方ない。是れ即ち西王母大仙に渡らせられ、其右側に一段下つて玉卓に對せらるゝは、年齢二十許り、白皙《セキ》短少にして所謂嬰孩《エイガイ》の貌ある青眞小童君で、卓上には四箇の藥壷が安置されてある。而して其壷は蓋こそ違へ、身は形も大きさも全く道場の物と同一であるが、只色が青く耀いてゐる一点が相違してゐたと云ふことである。全体西原君の神憑りにも、彼自身の潜在的意識や知識が随分混入して居り、悉くは信ぜられぬが、是れなどは比較的信用すべき者として、我輩は此金壷が、金母大仙の思召しで青眞小童君より、本道場の皇大御神に献ぜられたる事を確信して疑はない。とにかく本道場と崑崙仙界とは、斯くの如く密接の関係があるのだ。果して然らば、今や本道場危急存亡の秋に當り、彼僊界に於て何でう嘿《モク》して傍看しゐられようや。されば本傳授をホンの一部の會員に通知せしに拘らず、比較的多くの共鳴者を得たことや、執筆に臨み不思議に斯道の珍籍の多く入手せしことや、将た又難解なる熟語の出典の容易く發見されて正確なる解説を得られたことは、凡て神仙界から冥助の致す所と深く感佩して止まぬのである。而して之も詮ずる所は、大御神の御尊慮に外ならぬのである。あな、かしこ。

西王母并に素女仙指導の獨自的房中術

昨年十一月、前記の異能者といふ某君が來場した。元と呼吸器病患者であったのを、我輩が治療して遣ったので全治し、其後『帰神修養會』にも参加して熱心なる求道者である。そこで一席帰神法を試みた所、意外にも西王母大仙が憑られ、「此者は天性善良なる青年なるが、年來夢精(所謂鬼交の病)に悩まされ、房中術を求むること洵に切なる故、之を憐み、先頃より素女を遣して指導させつゝある。汝も善く指導して遣れ」との事である。成程此人は一昨年來、房中術の傳授を乞ふこと數〻であつたが、獨身の青年者に何するものぞと、笑うて答へなかつたのである。

然るに今改めて聞けば、實に六年間この夢精に悩まされ、折角の修養も餘り效果が擧がらぬので、切に房中術を願求してゐた所、不思議や去る七月頃より素女仙が憑られ、夢に何物かの婦人に交はつて愉々快々を竭くしても、イザ射精となれば旨く還精して洩すことなく、又日中作業中でも、素女仙が憑つて來られると、先づ腹部に涼風が吹く如くで、何とも言はれぬ快感を覺え、次で腰の方が暖くなり、其気が昇つて頭の腦天に入り、更に眉間より下つて復た気海円田に還り、循環して止まないのが、何とも名状し難い快感である。又口中には津液が充ちて非常に甘くなり、後で茶漬を食べても美味を感ずる程である。爲に健康も恢復し、一時骨と皮許りであつたのが、漸く人並になつた。と云ふのである。そこで我輩は、西王母大仙に更に御憑りを願ひ、「今日青年輩が、神經衰弱に罹つて意気消沈し、あはれ生涯の幸福を棒に振つて仕舞ふのは、大抵は血気壯んの性慾が抑制し切れず、已むなく手淫を濫用するに原因するのであります。希くば西王母大仙、彼等多數の不幸を矜哀し、此若者の如く指導し給へ。」と懇に乞へば、「必ずしも悉くを引受くると云ふ譯には行かぬが、とにかく考慮しよう。汝も共々努力せよ。」と云ふ事であつた。それから我輩も段々思案の末「之は房中術指導を以て、道場の運命を一轉回せよとの御主意であらう。」と考へ、遂に神裁を仰いで斯く傳書を著《シル》し、傳授を開始した次第である。皇神道の顕揚を以て一代の使命と自任する我輩が、房中術傳授を開始するとは、よく〳〵の事情あるものと御諒察を願ひたい。

太乙精の吸攝と絶食

某君は又、西王金母仙君より、空中から天地太元の神気たる太乙精（既述神君の條に所謂太乙精也）を吸攝することを教へられた。それは君の靈眼を以て視ると、薄紫色の蓮華様のもの二つが空中で重なり合ひ、段々色が鮮明になつて來るのを、ガブ〳〵口から咽み込めば、言ひ様のない快感を覚えて、身體が空中に浮きあがる如く感ずるさうである。之は極秘のことで絶對に他に洩すべきで無いが、太乙精を吸攝せむと願望する時は己が神氣を煉り精神を清淨にして、「掛卷くも畏き西王金母大仙素女君、わが願求を容れ給ひ、天地太元の神氣太乙精を我に感應し給へ。あはれ願くは空中交接吸攝の神仙靈法を授け給へ。我が切なる願を叶へ給へ」と一念を凝らして繰返し〱祈願するのである。尤も斯く願へばとて、悉くの人が太乙精を靈視して吸攝せられ得るとは保證されぬ。其處には仙縁と天分と一念の強弱など云ふ條件も預かるから、一概には言へぬ。尚、君は昨年十二月初めから、金母大仙より絶食を命ぜられ、(芋小豆などは多少食ふことを許された。)恐々《コハぐ》實行して見たが、一週間二週間を經るも一向に空腹を感ぜず、三週間目に百二十貫の荷物を載せた荷車を挽いて見たが、その輕いのに驚いたと感嘆してゐた。十二月中右の絶食を續け、正月松の内だけは普通の食事を取り、其後は喰つたり喰はなかつたりであるが、喰へば幾らでも喰へるし、喰はずとも幾日でも平氣であるさうだ。是れ仙經に所謂「終日喰はずと雖も飢ゑず。日に九餐《サン》すれども飽かず。」なるものである。（太乙精気に就ては、西原正明君も、岐美両大神より神傳直授の秘法を受けをれば、『房中秘法』と題して附録に掲げむ。）

獨自的房中術の方法

我輩が青年に獨自的房中術を教ふると云ふものは、決して慰みに快樂を得しめむとするの主旨ではない。彼等が生理的衝動たる性慾の欲求を自制するに堪へず、知らず／＼無制限に自瀆行為を継續する内に、心身共に破壊して神経衰弱に陥り、あたら有為の青春時代を、茫然無為に徒消するを憫み同情したからである。若し諸君が、毎夜巫山雲雨の快夢を貪り、一枝濃艶露香を凝らすと云ふ如き美人と、無代價で房中術の實行が出來得るものと豫想し居るならば、夫れは飛んでもない大間違ひで、餘りに蟲の好過ぎると云ふものだ。我輩は断じて世間流行のエロ、グロ研究家の亜流で無い。されば青年諸君は、注意して初めより色情に遠ざかる事が肝要だ。努めて猥《ワイ》談褻《セツ》語を避け、戀愛小説や艶本などは絶對に讀んではならぬ。晝間は成るべく身體を勤勞して、（学生なら運動武術等に努む）夜は晩く寐ね、朝は早々起き、床の中に愚図々々する事なく、下帯下着などは極めて清潔にして邪気邪念に犯されぬ様に勉め、断じて戀愛的妄想などに耽ってはならぬ。それでも自然的要求に因つて性慾が衝動し来り、耐へ忍ばれぬならば、攀柳折花は病毒感染の危險ある故、已むなくんば手淫あるのみだ。

今日の衛生學者は、手淫を以て非常なる害毒あるものと断定し、殆んど罪悪視して自瀆《ジトク》など云ふ語を以て青年を脅かすが、度を過ぐれば害毒あることは手淫に限らず、房事は勿論の事、吾人の生命を繋ぐ飲食さへも同じことだ。されば手淫とても、適度に行れば決して害ある者でなく、偶々の瀉泄は生理上必須の事だ。若し強ひて之を閉固し置くならば、反つて鬱屈して心身の違和を来すものである。然るに今日の青年が（明治文化以来）滔々として之が為に害毒を受くることの甚だしきは、手淫そのもの丶直接被害よりも、寧ろ恐怖心より來る心理的結果と見做すが至當である。手淫の害は恐ろしく、之を犯すのは殆んど罪悪に等しく、什《ド》麼《ウ》かして止めむと欲するも、薄志弱行は遂に之を抑制する能はず、戦々兢々として所謂「自ら潰す」ものの故、その恐怖心が積り積つてお定まりの神經衰弱に陷り、記憶力は衰へ意識は朦朧となり、顔色蒼白、形容枯槁、遂に何等為すなき廢物となり了《ヲハ》るのである。之に反して舊時代の青年等は、特に手淫に害多きことを知らず、平然として暢気《ノンキ》の洒蛙《シャア》で行ひつゝあつたから、格別害を被らなかつたのだ。されば二十前後にして自制の出來ぬ限りは、四日に一回ぐらゐ宛實行して瀉洩するが好い。（這んな論は元の大阪醫大教授田中香涯氏にもあつた様に思ふ。敢て予一個の獨断説ではない。）此時は最も虚心平気で恐るゝ所なく、胸を張り腹に力を込めて大膽《ブレーヴリー》に行ふがよい。然らば洩れる事も少く、又肺、肋膜、心臓を損ひ、胃腸を害する等の虞れもない。快感に夢中になつて胸や腹を窄《スボ》めると、肺、肋膜、心臓、又は胃腸を害すること多きものだ。能く注意泥は泥の誤記か。

すべきである。けれども其人の體質により、什麼にしても四日に一回で我慢の爲し切れぬ者は、時々例外として獨自的房中術を行ふべきである。それは將に射精せむとするに臨み、兩脇と尻の穴を縮めて腹を引込め、會陰（蟻のとわたり）の處を左手の指で抑へてフウーと息を吹くのである。然らば必ず射精は止むもの故、その精液を觀念と吸氣を以て再び精囊へ吸ひ戻すべきだ。さすれば痳疾などに罹る患へはない。（前章、前々章等能く參照せよ）

性慾の轉換と能力の增進

青年諸君をして成るべく性慾に煩はされざる一方法は、既に屢々述べた所の吸提の方法により、精室の氣を命門に輸《オク》り、更に上昇せしめて泥丸に納めることを繰返すのである。或は又、『靈學講座』第一册修養篇の「中心管行氣法」（三五頁―四二頁）を實行するも宜しい。何れも精氣を盛んならしむる事によりて健康を增進し、其精気を智の本源たる泥丸に輸り納むれば、性慾は轉換されて脳力の養ひとなり、智慧日に新たにして頭脳が明晰に、記憶力も善くなつて、學業の成績が進捗すること必定である。現に我輩なども此行気法を年来實行せし故、頭脳は年と共に新たになり、此十數年間に頭周の増大せしことは、何吋と測つては無いが、帽子の段々増大するので知れ、只今の頭周は二十三吋である。(脳髄は六十歳或は夫れ以上迄も發達するもので、頭周の之に副ふことは、骨相學の証明する所である。)身長が此間に三分伸びたのも、全く脳髄の發達に負ふことは明白だ。青年諸君大に之を勉めよ。

夢精の根治法

手淫に原因する神經衰弱症に夢精は附物で、之が亦青年を毒すること非常なものである。所謂鬼交の病なるもので、一洩十に當るから、一層衰弱を増進せしむるのだ。尤も結婚すれば知らぬ間に大抵治るから、深く憂ふるには足らぬが、年少在學中に妻帯と云ふ譯にも行かぬ。又我輩の方へ来れば、靈動、深息、催眠、暗示、及び放射能療法などで大抵根治はするが、中々は什麼に努力しても治癒せぬ者などもある。斯くの如きは、支那小説『牡丹燈籠』にある如き死靈邪鬼等に見込まれたもので、一筋縄では容易に退治されない。洵に困つたものだ。此れに處するの道果して如何。

深息、靈動、及び運動などで、身體を健康にし精神を爽快にすることは無論先決問題だが、それ許りで夢精は止むもので無い。然らば奈何にすべきか。曰く自己暗示である。觀念凝固である。曰く、其方法は奈何。曰く、クーエー氏の「自己暗示法」に從ひ、先づ紐に結び玉を二十作り、寢しなに其紐を繰つて、玉一つ繰る毎に「絶對に夢を見ない。夢精をせぬ。」と聲に力を入れて自己暗示を爲すのである。小聲でも可いけれども、聲に力を入れることが必要だ。内證で口の中で呟《ツブヤ》く位ゐでは、精神が統一されず雑念が混《マジ》るから、暗示に效果が薄い。(力を入れると云ふ事は、觀念法、暗示法共に最も必要である。)それを幾晩も幾晩も續くれば、段々夢も見ず夢精も止むものだ。それでも萬一愆《アヤマ》つて夢に交はる事ありとも、「必ず還精して洩さぬ。」と平生強く〳〵観念を凝らし、自己暗示を為し置けば、既に獨自的房中術に於ても漏洩せぬ修養がしてあるから、夢の中でも自から實行されて洩すもので无い。さうなれば夢交も一種の房中術になり、精氣を増すことは、丁度某君の如きもので、『玉房祕訣』に「夢精の者すら尚食はずして痩せず」とある如く、反つて健康増進の一手段となるのだ。尚平生夢精に悩まさる、者は、至心至誠を以て西母大仙弁に素女君、玄女君等を念じ、「願くは房中術を指導して下僕《ヤツガレ》が夢精を救はせ給へ。」と強く〳〵念願すれば、必ずしも指導されぬとも限らぬ。現に北海道の某君の如きも、此頃大隅國大口山の女仙が憑つて来て指導せられつゝあるのだ。(『倭文《シヅ》の緒環《ヲダマキ》』と云ふ書に、同女仙の事出づ。)成否は一に至誠と熱心の奈何にあると知り給へ。

吐納法并導引法

既に房中術の詳細なる講説を了り、尚附録には『素女經』『玉房秘訣』『玉房指要』『洞玄子』『黄素妙論』『房中袐法』などの袐經があり、房中術傳授としては最早十二分であらうと思ふ。又最初の豫定紙數を超ゆること倍以上に及び、我輩恆例の約定期間を過ぐること餘りに長きに亙り、諸君も御待かねであれば、我輩も疲れた。仍て此邊で打切りと爲《シ》たいが、房中術は單に房中術それ自身が目的でない。目的は繰返して言ふ如く、延年益壽、不老長生にあるから、之に必要なる吐納、導引、補藥の三つを省く譯には行かぬ。けれども僊道に所謂吐納法は吾人の所謂呼吸法であつて、既に『靈學講座』修養篇には、細大洩さず剰さず詳述してあり、又導引法も大畧は説明してあるから、玆には遷道に謂ふ所の吐納法及び導引法中、簡畧にして要領を得たるものニ三を次に掲ぐる。(仙經に胎息行氣の法を載する、幾何なるを測る可らず。悉く載せたら限りがない。)

太清經の吐納法

仙經『太清經』に曰く「夫れ氣の理たる、内あり外あり。陰あり陽あり。陽氣は生たり、陰氣は死たり。夜半より日中に至る外は生気たり。日中より夜半に至る内は死気たり。凡そ氣を服する者は、常に應《マサ》に生気を服すべし。死気は人を傷《ソコナ》ふ。外氣生ずる時、服せむと欲する隨《マヽ》に便ち服せよ。必ずしも時に當るを待たざる也。外気を取るの法、鼻にて生気を引いて入れ、口にて死気を吐いて出す。愼みて逆まにす可からず。逆まなれば、則ち人を傷ふ。口入鼻出、之を逆と謂ふ也。日中より夜半に至る、生気内に在り。服法は口を閉ぢ目は常の如くす。喘《ゼン》息して息を出でしめ、鼻端に至れば即ち兩頰を鼓《タヽ》き、出息を引いて還《マタ》口に入れ、口に満して咽む。足るを以て度と為し、吐くを須《モチ》ひざる也」

右にて陰気と陽氣、生氣と死氣、外氣と内氣等の別を知り、又吐納の方法をも知るべきである。但し我輩の方の神傳では、邪気を吐くは鼻入口出、正気を吸ふは口入鼻出であるが、僊道では之を逆としてゐる。今その正逆を判するには頗る議論を要するが、とにかく僊道では遷道の主張に循ふが可からう。尚喘息の「喘は疾息也」とあつて、息を喘ぐ様に速くすることである。

千金方の調氣法

本書第一刷には、『遵生八牋』から李眞人の「長生一十六字妙訣」即ち僊家に十六錠金と名づくる呼吸法を取つて掲げたが、今翻つて思へば、之は既に老子房中術の註釋中にも其大要を載せたし、又我輩が『靈學講座』の修養篇に於ては、其全部が説述してあるから、今回は之を除き、更ふるに『千金方』第二十七巻の調氣法第五を以てする事とした。讀者之を諒とせよ。

彭祖曰く、道、煩に在らず。但能く衣食を思はず、聲色を思はず、勝負を思はず、曲直を思はず、得失を思はず、榮辱を思はず、心煩ひ無く、形極まり勿し。而して之に兼ぬるに導引行氣を以てしてして已まずば、亦長年を得て千歳死せざる可し。凡そ人思ひ無かる可らず。當に漸を以て之を遺除すべし。

彭祖曰く、和神導氣の道、當に密室を得て户を閉ぢ、牀《ユカ》を安くし、席を煖め、枕高きこと二寸半、正身偃臥し、瞑目して気を胸中に閉ぢ、鴻毛を以て鼻上に著けて動かず、三百息を經て、耳聞く所無く、目見る所無く、心思ふ所無かる可し。（是れ數息無我の法也）此の如くなれば、則ち寒暑侵す能はず。蜂蠆《タイ》（サソリ）毒する能はず。壽三百六十歳。此れ眞人に隣《チカ》き也。毎旦夕「旦夕は是れ陰陽轉換の時」午《ミナミ》に面向し、両手を脚膝上に展べ、徐々に肢節を按捺《ナツ》し、口濁気を吐き、鼻清気を引く。「凡そ吐は故気を去る。亦死気と名づく。納は新気を取る。亦生気と名づく。故に『老子經』に云く、玄牝《ヒン》の門、天地の根、綿々として存するが若く、之を用ゐて勤めずと。言ふこゝろは、口鼻は天地の門、以て陰陽死生の気を出納《スヰダフ》す可き也。」良《さ》久しくして徐々に、乃ち手を以て左托右托、上托下托、前托後托し、（托は拓に同じ。手を以て推す也、開く也。体操の如く左右上下前後に手を動かすこと也。）目を瞑《ミョウ》き口を張り、歯を叩き眼を摩で、頭を押し耳を抜き、髪を挽き腰を放ち、欬嗽《ガイソウ》《セキ》し發陽振動する也。（是れ靈動也）双作隻作、反手之を爲し、然る後に足を掣《ヒ》き、仰振八十九十を數へて止む。仰下徐々、心を定めて禪觀の法を作し、目を閉ぢて存思す。空中太和の元気、紫雲の如く蓋を成し、五色分明、下つて毛際に入り、漸々に項に入り、雨初めて晴れて雲山に入る如く、皮を透して肉に入り、骨に至り、脳に至り、漸々下つて腹中に入り、四肢五臓皆其潤ひを受け、水の地に滲入する如きを想見す。（是れ太乙精摂取の観法也）若し徹すれば、則ち腹中聲有りて汨《コツ》々然（ゴロ〈の音）たるを覺ゆ。意專ら思存し、外縁を得ざれ。斯須《シバラク》して即ち元氣氣海に達し、須臾に則ち自から涌泉（或は湧泉に作る。足の裏の足心の穴也。）達す。則ち身體の振動を覺ゆ。兩脚を踡《ケン》曲し、赤牀《ユカ》に坐せしむ。聲有り拉《ラッ》々然（ポキポキの音）たり。則ち一通と名づく。一通二通乃ち日に至る。別に三通五通を得れば、則ち身體悦懌《エツタク》面色光輝、鬢毛潤澤、耳目精明、人をして食美に気力強健ならしめ、百病皆去る。五年十歳長く存して忘れず、千万通に満つるを得ば、則ち仙を去ること遠からず。人身虚無、但だ遊氣有り、氣息理を得。即ち百病生ぜず。若し消息宜《ヤリカタ》しきを失はゞ、即ち諸痾競ひ起らむ。善く摂養する者は、須らく調氣の方を知るべし。調氣の方は萬病を療す。大患百日、眉鬚を生ず。自餘は言ふに足らざる也。

凡そ調氣の法、夜半の後、日中の前、氣生きて調ふを得。日中の後、夜半の前、気死して調ふを得ず。調氣の時、則ち牀に仰臥し、厚輭を鋪《シ》き、枕の高下は身と共に平らにし、手を舒べ脚を展べ、両手大拇指を握り、(握固なり)指節身を去ること四五寸、両脚相去ること四五寸、數を數へて歯を叩き、玉漿《ツバキ》を飲み、氣を引きて鼻より腹に入れ、足れば則ち停止す。力(餘力の意)有れば更に取る。久しく氣を住《トゞ》めて悶《ツカ》ふれば、口より細々と吐出し、盡くれば又鼻より細々と引入す。出氣一に前法に准じ、口を閉ぢ、心中を以て數を數ふるのみ。耳聞えず、恐らくは誤乱有らむ。兼ぬるに手を以て籌《クジ》(數取りの籌《クジ》也)を下す。能く千に至れば

（一閉息中に數を數へて千に至る也）則ち仙を去ること遠からず。若し夫れ陰霧、悪風、猛寒には氣を取ること勿き也。但だ之を閉ぢよ。

宮地東嶽翁の吐納法導引法

故掌典宮地東嶽翁（名は嚴《イヅ》夫《ヲ》）は平田篤胤翁に次ぐ我邦の僊道研究家で、其親戚には實際僊界に往復した宮地堅《カキ》磐、常磐父子（土佐の人）あり、其弟子には尸解仙となつて今尚吉野の僊界にある河野至道壽人あり、又其著述には『本朝神仙紀傳』がある。而して翁の『自修鎭魂法祕訣入門』と題する者は、畢竟僊家の吐納法と導引法の初歩であつて頗る要領を得て居り、予も亦往年、翁の遺弟前野自錐君から其傳を得たことがあるから、左に之を抄出する。

毎日午前二時後、五時前を以て鎭魂法を行ふ。下手の順序左の如し。

先づ東或は南に向ひて安坐す。

両の拇指を内にし、四指にて握固し、両手を左右の腹腰間に拄《ア》つ。

次に濁氣を吐くこと三回。

次に歯を叩くこと左にて十二、右にて十二、中にて十二、合せて三十六回。

次に氣を引きて息を閉づ。

氣を引きて息を閉づるは、最も此修練の要妙なり。先づ目を閉ぢ、妄想を掃ひ、雑慮を浄め、心源をして湛《タン》然として諸念を起らざらしめ、出入の息自から調和したるを覺ゆれば、即ち静に鼻より氣を引きて之を閉づ。

次に心を想ひて炎火の如くならしめ、光明洞徹にして下腹即ち臍下丹田の内に入らしむ。腹満ち氣極まれば徐々に口より氣を出す。其氣出入の音の耳に聞ゆること無からしむるを要す。斯くすること三回。

次に出入の息調和するを俟ちて、即ち舌を以て唇歯の内外を攪《ト》き、津液を漱《ソウ》練す。漱練良久しければ、液中自然に甘美の味を生ず。此は是れ眞氣を含みたる験なり。愼みて棄つべからず。

次に津液口中に満つれば、少しく頭を低れて嚥下す。氣を以て送りて丹田に入る。意を用ふること猛精にして、津と氣と合し、谷々《コク〳〵》然として聲有りて徑《タダ》ちに丹田に入る。

此を第一順序とす。

次に更に氣を引きて息を閉づるより、津液を漱練して嚥下するまで、前法の如くす。

此を第二順序とす。

次に復た更に氣を閉ぢ津液を嚥下すること、又前法の如くす。

此を第三順序とす。

斯くの如くして氣息を閉づること通じて九度、津液を嚥むこと通じて三度にして止む。

（以下は導引法なり。）

次に頭を左右前後に揺かし、又左旋右旋すること各々凡そ三回。（以下

と共に何れも十回位ゐが宜し）

次に左右の肩、手を聳《ソビ》かし、及び摩づること凡そ五回。

次に左右の手の指を練る。（左右互に手指を揉《も》み、又節を引きて鳴す也）

次に両手を以て眼、面、耳、項《ウナジ》等を摩し、皆極熱せしむ。

次に両手の指にて髪を梳る如くすること凡そ百。

次に左右の手を以て両乳及び臍下丹田を始め、腎堂、腰脊間を熱摩し、
皆熱徹せしむ。徐々に之を摩すべし。微汗出づるも妨げ無し。只喘
息するを嫌ふ。

次に左右の足部を摩づること凡そ五回。

次に足の指を練る。

次に左右の脚心、所謂湧泉（足の裏にあり）の穴を熱摩す。

次に立ちて、或は仰ぎ或は俯し、或は伸び或は屈みて身體を練り、氣血
をして全身に満たしむ。

次に寝床の上に安坐し、息の出入を數ふること凡そ二十五息は鼻より引

きて口より出すべし。
右畢りて更に安臥し、熟睡して明旦に至る。若し安臥する時間無き時は、直ちに起出づるも嫌ふこと無し。

以上　宮地東嶽翁訣傳

補精行氣導引法

右に述べた僊家の吐納法は、單なる呼吸法でなく、大抵は觀念を加へて己が欲する處に氣を行る呼吸法であるから、本會員にして未だ『靈學講座』を一閲せぬ方は、是非とも右講座を讀んで、觀念法や行氣法に精通して貰ひたい。而して次の如き補精行氣法をも實行するが宜しい。

支那の古代醫學でも、又僊道の方でも、精液を製出する臓器は腎臓にありとするが、（それも理由はある）現代醫學では、睾丸にあることは疑ひなき事實だ。されば睾丸に行気すれば、ホルモン分泌が熾んになり、精氣が旺盛になることは、言ふ迄もないから、常に閑さへあれば、握り睪丸をして、睪丸を中心に行氣するが好い。之を道家では掬弄と称し、支那の老人どもは、日向で常に之を實行するのである。尚又、生殖器の中枢は所謂命門たる腰椎の第二から薦椎の第三迄にあるから、其辺を中心にして行気するも好い。而して所謂勃起神經と称する副交感神經も、薦椎の第一乃至第三から出てゐるのであるから、不老長生を欲する者は、常に腰を丈夫にすることが肝要である。故に常に腰椎第二から薦椎第三迄の間の脊椎、及び其左右を按揉摩擦し、又勃起神經の叢《アツマ》る鼠蹊部から陽茎迄の間を按摩することも好い。東嶽翁の導引法に「腎堂、腰脊間を熱摩す」とあるも之が為だ。其外會陰と称する蟻のとわたりを抑へて行気し、又之を按摩することも宜しい。此處は任脈と督脈の分岐點で、衝氣と榮氣の源泉であり、射精を止めて還精することは既述の如くだが、痲疾なども此局處への輸氣、按揉、又は灸炙で、能く治るものだ。

右の腰椎第二から薦椎第三迄は、既述の如く生殖器中樞であるから、交接中に婦人の其部分を、男の手で抑壓することは、快感を増進する所以であるが、併せて分娩中樞であるから、分娩時に其部分を抑壓すれば、陣痛を和らげ分娩を速進する所以でもある。加之、更に脱糞、排尿等の中樞でもあるから、男女共に大小の便祕を治して快通せしむる效もある。洵に大切の箇處だ。

補益の僊藥

僊藥の三等

既に『千金方』にも「人年四十已上。常餌補藥大佳」とある如く、年を取れば段々精氣が薄くなるから、房中術の補助として、常に補益の藥を服用することが必要である。この藥物は大體草根木皮から成つたもので、永く精氣を補益するのが目的であり、彼の媚藥とか催情藥とか云ふ如き一時的刺戟剤とは、絶對に效能を異にするのだ。精氣も増進せずに、其様な刺戟剤を濫用して無理に淫樂を貪ることは、宛も痩馬に鞭撻《ムチウ》つて重荷を負はしむる如きもので、好んで自滅を速めることは、火を睹《ミ》るよりも瞭《アキラ》かである。されば媚藥《ホレグスリ》、催情藥《イログスリ》の如きは、我輩の方では絶對的禁物であり、断じて其様な物の説明はせぬ。我輩は無論、世間並の好事《カウズ》的エロ研究家で無いことを承知されたい。

凡そ僊藥には上中下の三等があつて、丹砂黄金の如きは所謂上藥であり、之を煉化して液體として飲めば、人をして身安く命を延べしめ、昇つては天神と爲り、上下に遨遊し、萬靈を使役することも出來ると云ふが、何分煉化の法が難《ムツ》かしく、深き生前からの仙縁ある者でなければ不可能だ。次の中藥は、諸芝（石芝、木芝、草芝、肉芝、菌芝など）五玉、雲母、明珠、雄黄、太乙、禹《ウ》餘《ヨ》糧《ロ》、石中黄子、石桂、石英、石腦、石粘、曽青などで、各〻之を單服すれば、能く人をして飛行長生せしむるさうだ。が、或物は之を得ることが頗る難く、又或物は得るに易くとも製劑法が面倒で、共に通常人には服用を望まるべくも无い。第三の下藥と云ふは、松柏の脂《ヤニ》、茯苓《ブクリヨウ》、地黄、麥門冬、黄蓮、石葦、楮實、枸杞《クコ》、天門冬、朮《ジユツ》、黄精などで、之を服すれば病を除き、毒蟲も加へず、猛獸も犯さず、惡氣も行はれず、衆妖は併びに辟《サ》くと云ふし、又能く數百歳も長生して僊化することが出來ると云ふから、先づ凡庸人には、房中術と共に此等の得易き僊藥を服用し、永く精氣を補益して、和樂愉快に人生を送りたいものだ。吾人が補藥を服用するの主旨は、實に此《ココ》にある。

僊藥の不老不死たらしむる所以

僊藥の人をして不老不死たらしむる所以の根本原理は何處にあるかと云へば、藥物其物が自ら腐敗朽蝕する様なことでは、到底人をして不老不死ならしむ譯には行かぬ。かの黄金は火に入つて百錬消えず、之を土中に埋めても、天を畢《ヲ》ふるまで朽ちず錆びない。是れ人をして不老不死ならしむる所以で、上藥たる根本原理は此處にあるのだ。之に比すれば、草木の藥は之を土中に埋むれば即ち腐るし、之を焚けば即ち焦《コ》げて了ふ。自ら不朽なる能はずして焉んぞ能く人を不死ならしめむや。と云ふのである。是れ草木の藥の下藥たる所以であるが、併し草木の藥とても、松脂の如きは、地に入ること久しければ化して琥《コ》珀《ハク》となり、永《トコ》遠《シエ》に朽つることは無い。茯苓《ブクリョウ》の如きも『抱朴子』に「松脂淪《シヅンデ》入《ル》レ地《ニ》。千歳化《シテ》為《ル》二茯苓《ト》一」と云ふは頗る怪しく、實は松の氣を稟《ウ》けて自生する一種の植物であるが、併し生命の頗る長いもので、又之を乾燥して置くに、幾十年を經るも一向に変化を見ない。故に此二物を服すれば、下藥ながらも人をして不老長生ならしむるのである。其他の草根木皮にも、それ〴〵現代科學者の窺ひ知らぬ微妙な機能があつて、補精益壽の效果を奏するのであるから、吾人は先づ此下藥で姑《シバ》らく満足し、太に得る所のある者は、更に進んで中藥なり上藥なりを服用し、地僊にでも天僊にでも、好きな者に爲るが可い。それは御當人の器量次第、腕次第である。但し僊人たるには、断穀と云つて五穀の火食を断つことが必要で、此奌凡俗人には甚だ難澁とする所であるから、房中術と補藥で百迄も生きれば、夫れで先づ我慢をして貰ひたいものだ。尚現代の傾向として、何でも藥物の精分を抽出して越幾斯《エキス》にする事が流行するが、この越幾斯を藥學上から分析して見ると、必ずしも言ふ如き有效なる精分の存在する者でなく、從つて其效能も頗る怪しまるゝのである。凡て漢藥は、人工を加へずに、其儘湯煎或は粉末として服餌する所に、妙用があることを知らねばならぬ。是れ猶ラヂウム發見前、ピッチブレンドと云ふウラニウム礦物に放射能のあることは、專らウラニウムから放射するものと断定して、ウラニウム許りを採取し研究してゐた所、ウラニウムよりも其残滓《ノコリカス》の方に反つて放射能が多いので、遂に其残滓を研究してラヂウムを發見するに至つた如きものだ。自然界の機能は實に微妙不可思議極まるもので、容易に凡人どもの手際で、其の眞の主成分などが捕捉さるべき者でない。故に現代に行はる丶何々精、何々越幾斯など云ふものに、一つでも陸《ロク》なもののないことを断言して憚らぬのである。それから今一つ附記する事は「治病の藥は食前を以て之を服し、養性の藥は食後を以て之を服す。」と云ふ『中黄子服食節度』の一句である。

補益僊藥の種々

○松脂　我輩が松脂茯苓の僊藥たることを知つたのは、僅に十三四歳の頃である。其頃小学校の教科書に用ゐた『蒙求』といふ漢文の中に、初平、初起と云ふ兄弟の者が、松脂、茯苓を服すること五千日で神通を得、「能《ク》坐《スベ》在《リ》立《テバ》亡《シ》。日中《ニ》無《シ》影。有《リ》童子之色。」と云ふ文句があつたので、眞に然るや否也と心中に深く疑問を抱いたが、其後長じて文筆に従ひ、上野の図書館で葛飾北斎の傳記を取調べた時、娘の阿榮《オエイ》が僊人になると云つて松脂茯苓を喰つてゐたと云ふ記事を讀み、莫迦げた物數奇《ズキ》もあるもの哉と呆れた事がある。然るに大正八年に至り、我輩が江間式道場で、科外講習として諸種の靈術を教授した時分、前野自錐といふ奇人があつて、故宮地東嶽の教を受けて僊術を研究しつゝあると云ふので、是は面白いと思つて、更に科外の科外を依嘱した。所が同君は「先づ自ら實驗して見て效果を試みなければ」と云つて、毎日朝夕二回づゝ、松脂と茯苓を搗交《ツキマ》ぜて粉末にしたものを、散蓮華《チリレンゲ》に二杯づゝ服餌し、晝だけは普通の食事を取ること四ヶ月に亙つた。それから斷穀して松脂茯苓だけを服すること三ヶ月、次で又晝食を取ること四ヶ月に及んだが、一日初冬の寒さにも拘らず、不図した機《ハズミ》で、終日單衣一枚で暮した所、一向に寒さを覺えぬので、翌日は裸體で暮して見たが、ヤハリ同じ事である。そこで其年から翌年へ掛けて、一冬を單衣一枚で通し、我輩の家へも時々其服装《なり》で來たが、一向平氣なものであつた。其他、鉄瓶の熱湯を其儘口に含んで霧に吹いて見たり、両腕を鉄棒で打つて見たりしても、更に冷熱疼痛などを感ぜぬと云つてゐた。そして断穀中でも宴會に行けば、鮨でも天麩羅でも平気で飽食し、大酒を飲んでケロリとして居たが、性來酒を嗜《たしな》むの餘り、ウイスキイを痛飲して腹膜炎を患ひ、それから断穀を中止したのは惜むべきであつた。我輩も當時多少試みて見たが、未だ機縁の熟せぬものか餘り熱心にもなれず、有耶無耶の中に中絶して了つた。

松脂の效果に就ては『抱朴子』に、上黨の趙瞿《テウク》と云ふ者が、癩病の爲に山中に棄てられて悲歎涕泣してゐると、一僊人が之を憫んで一嚢の松脂を與へたので、之を百日許りも服すると、スツカリ癩瘡が愈えて、顔色豐悦、肌膚玉澤と爲つて家に歸り、其後も長く之を服用したので、身は輕く氣力は百倍し、年百七十になつても齒も墮ちねば髪も白くならず、三百年も人間に在つて後、抱犢《ハウトク》山に入つて僊去した。と云ふことが出てゐる。服用法は山中の松樹から採取した物を乾燥して粉末にし、毎食後一匙《サジ》位ゐづゝ水で飲むが好い。湯で飲めば溶けて始末に了へぬ。啻に延年益壽の效あるのみならず、總ての寄生蟲や黴菌を撲滅するの效がある。若し發疹《フキデモノ》でもしたら、暫く休んで復た継續するが好い。癰疽《ヨウソ》悪瘡を治するの効力ある程故、決して心配には及ばぬ。其外、歯牙を固め齲《ムシ》を去る效がある。尚松脂に胡麻の油を混ぜて煮たものを、神經痛の局部に貼《ハ》れば鎮痛の卓效がある。賣藥アニトールと云ふは即ち是れだ。（松脂は藥舗にもあるが、良い品は割合に高いものだ。工業用の安い品は、米松の脂を抜いたもので、藥用には不適当である。）

○松葉、松實　　松は千年の壽を保つと云つて、古へより慶たき物に言はるゝが、げに其通りで、草木の王位を占め、脂は勿論、その葉その實より樹皮毛根に至るまでも益壽藥である。されば昔より松葉仙人など云つて、松葉を喰つて不老長生した例に乏しからぬも所以《ユエ》あることだ。一例を擧ぐれば『抱朴子』に、後漢の成帝の時、獵師が終南山中で、全身眞黑に毛の生えた裸女を捕へた所、之が秦王子嬰《エイ》の宮人で、秦が亡びて宮室が燔《ヤ》かれた時、驚いて山中に逃げこみ、餓ゑて死なむとするや、一老翁が之に教へて松葉松實を食はしめた。初めは苦澁で困つたが、馴るゝに從《ツ》れて飢ゑず渇かず、冬寒からず夏熱からず、既に三百年を經たのである。仍て將《ツ》れて歸つて穀食せしめた所、二年許りして身毛が脱落し、老いて死んだ。と云ふことが出てをる。二十餘年前に、火渡り又渡りなどの興行で一寸評判のあつた、蝦《ガ》蟇《マ》仙人片田源七なども、其儘東北の山中に棲まつて居れば、眞の僊人にも爲つたらうに、生じか人界に引張り出されて酒食に耽つた爲、僅か四五年で死んで了つたのは哀れであつた。

さて松葉の服用法は、生の葉を其儘食つても好く（滓《カス》は吐出しても好い）又細かく刻んで酒で調へ、食前毎に少々づゝ、餌《タ》べても好い。初めは少々苦澁だが、馴れゝば何とも無い。身を輕くし氣を益し、久しく服すれば、斷穀するも、饑ゑぬのである。又乾して茶の如く煎じて飲むも好い。但し松葉精などと賢《サカ》しらに人工を加へたものは駄目だ。松の實は海松子と云ひ、朝鮮金剛山、又は支那雲南省の物が大きくて好い。日本の物は美味なれど、餘り小さくて食用にならぬ。松の實は殻を割つて生で食へば美味《オイ》しい。之は新宿の中村屋といふ菓子舗に賣つて居る。頗る脂肪の多いものだ。凡て松葉でも松實でも松皮でも、其有效精分は脂にあるものと思はれる。

○柏脂、柏實　　柏を俗にカシハと訓《ヨ》めど、カシハは落葉樹で「松柏の後凋」など云ふに合はない。カシハは檞の字に當るのであり、柏はカヘと云ふ。一にコノテガシハとも呼び、其材をアスナロと云ふ。萬木の陽《ミナミ》に向ふに反し、此木獨り陰木で、西を指して長ずる故、木扁に白を書くのである。白は即ち西の色だ（東青、南赤、西白、北黒）柏脂は無論松脂に並んで有效であり、其實は柏子仁と称し、仙家上品の藥である。但し得易からぬ物故、強ひて服するにも及ばぬ。尚俗に栢をカヤと訓めど、栢は柏の俗字たるに過ぎず、カヤは榧に當る。この榧の實は十二支腸蟲、條蟲、蛔蟲など撲滅の特效藥である。

○茯苓　　茯苓《ブクリヨウ》は既に述べた如く、松脂と共に草木僊藥の両横綱である。

和名マツホドと呼び、松の樹の古根株の四方丈餘位ゐの土中に生ずるものので、根株の大なるほど茯苓も大きく、拳大のものから數斤に至る者もある。菌類の一種で塊狀を爲し、皮は黒くして皺があり、肉は赤いのと白いのとあつて、白いのを白《ビャク》茯苓、赤いのを赤《シャク》茯苓と云ふ。赤は瀉藥になり、白は補藥になる。輕虚なるもあり、堅實なるもあつて、輕虚なる者は宜しくない。之を採取するには、柄の先に長い鉄錐《スキ》を附けたもので松株の近辺の地を刺し、固くして抜けなかつた處を掘取るのである。此の物地中に埋もれること數十年でも朽つること無く、色理も依然として變化がない。能く人をして不老長生ならしむる所以である。又下に茯苓があれば、上に靈氣が有つて絲の形の様だと云ふ。是れ一に茯靈の名ある所以だ。（松の根を抱く者を茯神と名づく。）服用法は皮を去つて白肉を粉末にし、食後一匙或は二匙づつ、酒又は白湯《サユ》、或は水にて呑むが好い。又松脂と一緒に粉末にして呑むも宜しい。效能は五臓の眞氣を守り、胃を開き神を養ひ、虚熱を去り痰を化し、小水を利し心動を定め、嘔《ヘ》吐《キ》泄《ク》瀉《ダシ》を止め、濕を除き精を増し、久しく服用すれば延年益壽に效あることは論を俟たぬ。『抱朴子』に、「任子季茯苓を服すること十八年、僊人玉女往いて之に從ふ。能く隠れ能く彰はる。復た穀を食はず。灸《キウ》瘢《アト》皆滅え、面體玉光す」とあるから、焦《アセ》らず氣永に服用するに限る。尚茯苓には醋弁に一切の酸類を忌むのである。

○天門冬　　又地門冬、莚門冬、顚棘《テンキョク》などと云ふ。和名スマログサ。海辺の沙地に多く、春の末宿《フル》根《ネ》より叢生し、蔓は甚だ繁延して丈餘に及ぶ。葉は杉に似て長く、根には細長き塊が多く附着する。長さ二三寸、色は黄褐色である。之を乾かして砂糖漬にし、又藥用にもするが、水辺濕地の者よりは、高地に生じて根が短く、味甜《アマ》くて香氣ある者が善く、「之を服すること百日、皆丁壯倍駛す。」と『抱朴子』に述べて居る。藥用としては五臟を潤し、五勞七傷吐血を補ひ、咳《セキ》を治し痰を消す等に效あるが、碇草に淫《イン》羊《ヤウ》藿《カク》の名ある如く、天門冬にも淫羊食の別名があつて、特に精力増進には最も效果が多い。補藥として重用せらる、所以である。されば杜子微と云ふ男は、天門冬を服して八十妾を御し、子が百三十人あつたと云ふことだ。餘り賞めた譚《ハナシ》ではないが、以て其效力を見るべきである。服用法としては砂糖漬が最も喰べよいが、今日では砂糖屋にも見かけない。予は先年朝鮮より贈られて愛用した事がある。（砂糖漬にするには、一夜だけ石灰水に漬け、洒《スヽ》ぎ浄めて砂糖に漬ければ、數月を越えるも腐敗しない。）乾燥したもの五六個を、碇草と共に煎じて飲むが最も好い。其儘餌べても好いが、心《シン》が苦いし、厭な味のするものだ。尚此物は鯉との食合せを忌む。

○碇草《イカリサウ》　一に淫羊藿《インヨウカク》の名があるので、催春藥として最も名高い。是は『本草經』に「之を服すれば、人をして好んで陰陽を爲さしむ。西川北部に淫羊有り。一日百遍合す。蓋し此藿《カク》を食うて致す所、故に淫羊藿と名づく」とあるから出た話で、固より眞僞は保し難いが、慥に效果は顯著である。而して單なる催淫藥に止まらず、氣力を益し、小便を利し、筋骨を堅くし、瘰癧《ルヰレキ》、赤癰を消し、陰痿、絶陽、莖中の痛みを治し、子無き者をして子あらしめ、老者を若返らしむるなど、極めて效果の多い者だから、天門冬と共に、必ず房中家の服用すべき藥だ。此草は常綠草で、日當りよき山地に自生し、（栽培もする。）一根より數莖を生じ、細くして硬く、高さ尺餘に及ぶ。其莖每に三枝ありて心臟《ハート》形《ガタ》の三葉をつけ、細い鋸齒がある。夏、莖上に數花を連ねて倒さに垂れる。四瓣にして淡紫、又は白、淡黄もあり、形が碇《イカリ》に似てをる。是れ碇草の名ある所以だ。服用法は、量は大概で好いが、土瓶に水三合許りを入れ、此草の乾燥したもの二つかみ位ゐを入れて煎じ、隨時茶の如く飲むが宜しい。（凡て漢藥の煎湯には、土燒の器物が宜し。）苦いから胃の爲にも善い。

○枸杞《クコ》　又は枸棘《クキョク》と云ひ、或は僊人杖、西王母杖、地仙など云ふ。又四季により名を異にする者で、春は葉を採る。之を天精と名づけ、夏は枝又は花を採る、之を枸杞と名づけ、秋は子を採る、之を却老と名づけ、冬は根を採る、之を地骨と名づける。何れも延年益壽の僊藥であるが、『本草蒙筌』に據れば、「耳目を明かにし、神を安んじ、寒暑に耐へ壽を延ばし、精を添へ髓を固め、骨を健かにし筋を強くし、陰を滋《ヤシナ》うて陽衰を致さず、陽を興して常に陽を擧らしむ。諺に云ふ、家を離るゝこと千里、枸杞を服する勿れと。亦其の能く陽を助くるを以て也」とありて、實際效驗の顕著なる者であるから、是れ亦房中家の缺く可らざる補益藥である。されば支那の僊人は勿論、日本でも常陸坊海尊の殘夢や、天海僧正などは、好んで之を喫して長生したと云ふことだ。服用法は春の若葉は浸《ヒタシ》物にして食ふべく、又海尊や天海が好んで喫したと云ふ枸杞飯に炊いて食ふことも出來る。實は秋紅熟すれば、味甘美で葡萄の如く、無論食つても差支ない。又葉も枝も樹皮も根皮も、乾燥して茶の代りに飲むが好い。或は又、春の葉、夏の花、秋の實、冬の根を採つて共に蔭乾にし、酒に浸すこと一夜、露に晒すこと四十九晝夜にして乾くを待ち、末《コナ》にして密で煉り、鉄砲丸の大きさにして毎朝夕一丸づゝ用ゐ、細かく嚼《カ》み砕いて沸湯で嚥《ノミ》下せば、能く邪熱を除き、目を明かにし、身を輕くし、老人も之を服すれば行走飛ぶが如く、髪は漆黒に反《カヘ》り、歯は更に生じ、陽事は勃々として強健に復するのである。之を地仙丹と称する。

枸杞は和名をヌミグスリと云ふが、元來は支那種を移した灌木で、莖幹の高さ四五尺から丈餘に及ぶ。大なる者ほど刺《トゲ》が少く、葉は石榴《ザクロ》に似てをり、軟薄にして食ふに堪へる。花は五瓣で少さく、色は紅紫である。實は圓くて櫻桃《ユスラウメ》の如く、紅熟すれば甘い。之を野生に對して唐枸杞と云ひ、賞観用又は藥用として栽培するものだが、山野に自生する者も澤山ある。海尊や天海の食つたのは、無論野生のものと思ふ。外に鬼枸杞一に犬枸杞と云ふものがある。刺《トゲ》多く葉小さく、實も細長く小くて苦い。此葉を本物として偽る者があるから、油断はならぬ。
○何首烏《カシュウ》　延年益壽の僊藥としては議論のある藥草で、仙經にも處見少く、『本草彙言』などにも「何首烏は精を固くし氣を歛《オサ》め、瘧《オコリ》を截《キ》り痢を止むるの藥也。延年種子の説は荒唐に屬す」とあるが、『本草綱目』には「是本神仙之藥」とあり、李遠の説にも「何首烏眞之仙草也」とあるから、僊藥に列することが敢て不倫でも有るまい。只先年、漢醫岸原鴻太郎氏が、本薬の補精に效あることを『日本及日本人』に發表し、女子大學の白井規矩夫といふ人が、之を實驗して效果を保證したので、一時世間の大評判となり、補精強壯藥の王者たるの觀があつたが、必ずしも然らずで、我輩は左程に重きを置かない。けれども之を服用すれば、筋骨を壯んにし、精髓を長くし、血氣を補ひ、久服すれば髭鬚を黒くし、（首烏といふ者此藥を服し、百三十歳で髮が猶黒かつたので、何首烏の名ありと。）陽道を堅くし、人をして多子ならしめ（唐の世宗肅皇帝は、之を服用して始めて世子を得たりと。）身を輕くし命を延べしむるなど云ふことは事實らしい。元來が支那種で、四川省の山奥に生ずる、年數を經た者が上品であり、年數の多い程效果は著しいと云ふ。されば李遠の説に「五十年の者は拳大の如し。之を服する一年、髭鬚青黒と爲る。百年の者は椀大の如し。之を服する一年、顔色紅悦なり。百五十年の者は盆大の如し。之を服する一年、齒落ちて更に生ず。二百年の者は一升の器の如し。之を服する一年、顔童子の如く、行いて奔馬に及ぶ。三百年の者は三升の器の如し。久服すれば地仙と爲る」とある。尚四百年の者を最上品とするが、そんな品は滅多にあるものでないから、普通のもので好いが、少々高くとも、成るべく大きなものを選ぶべきだ。

服用法は皮を去つて末《マツ》と爲し、(鉄を忌む故、銅刀を以て削る)一日三匁づゝ水二合に煎じて服用する。服するに二四六八の偶日を選ぶべき説もあるが、拘はる程の事もなからう。服後蒲團を被り、汗を出してから導引すれば一層宜しい。前記岸原氏は、何首烏二斤に白茯苓一斤、五味子一斤を合せて臼で搗《ツ》き、其粉末を朝夕二匁づゝ、酒又は塩湯で服すること七八ヶ月で、頽齢六十五歳に及ぶも、尚陽道の勃如たるを覚えたと云ふことだ。(我輩の實験でも、慥に效果はある。)尚、何首烏に枸杞又は碇草を合せて煎用するも好く、又肺患者には、何首烏を一夜、米の磨汁に漬けて、晒すこと八九回、竹篦《ベラ》で刻んで一日二匁づゝ煎用すれば、卓效があると云ふ。其外、貧血、老衰、虚弱者、癰疽、瘰癧などの諸疾にも效があると云ふ。禁忌《イムモノ》は無鱗魚、大根、蒜《ヒル》、葱、鉄器などである。

何首烏は又、交藤、九眞藤、地精など其名が多い。和名はツルドクダミ。元は支那種であるが、今は處々に植ゑる。春宿根から芽を生じ、葉は互生で圓く尖り、秋の末に蔓の梢に尺許の穗を成し、細小の白花を綴り開く。根塊は小なるは薯蕷《ナガイモ》の如く、大なるは白瓜にてゐる。無論邦産でも藥用になるが、支那産の上品なるには及ばぬ。

○肉蓯蓉《ニクジュウヨウ》　又黑司命と云ふ。和名キムラタケ、又はオニクと云ふ。富士山又は信州辺の高山に生ずる草本で、高山灌木帯のミヤマハンノキの根に寄生する。莖は肉質で柱狀を爲し、高さ一尺餘に達する。葉は鱗片狀で互生し、共に葉緑を缺き、黄褐色を呈する。其肉質の鱗甲部を切取つて陰乾又は塩漬とし、煎じて服用する。效能は陰を強くし精氣を益し、子を多くし、陰痿、血の道等を癒し、腰膝を暖め、殊に性慾亢進に妙である。

○菟絲子《ネナシカヅラ》　又菟蘽、玉女、金線草等の名があり、東國でサウメングサ、西國でウシノサウメンなど称する者である。蔓草で、春地に落ちてゐる實から絲を生じ、其絲が延びて他の草木に絡《マト》へば　根は枯れる。隨って長じ隨つて枯れ、其絡へる草木に寄生根を挿入して養分を吸收する。是れ根《ネ》無蔓《ナシカヅラ》の名が起る所以だ。蔓は太さ一分許り、多く枝を分ち、草木の梢を被うて、宛《マル》で索麺を掛けた樣である。是れ亦サウメングサの名ある所以だ。夏の末に穗をなすこと二三寸にして小白花を開き、實は煎じて藥用とする。日本産では和州金剛山に産するものが佳く、丹波産之に次ぐと云ふ。效能は氣力を益し陰を強くし、筋骨を堅くし肌を養ひ、目を明かにし年を延べ、男女の虚冷を治すると云ふ。

○五味子　　和名サネカヅラと云ふは、南五味子又は美《ミ》男《ナン》蔓《カヅラ》と云ふもので、之に對して北五味子と云ふが眞の物である。春古き蔓より芽を生じ、葉は互生して杏《アンズ》に似、夏の初に花を開く。實は紅熟すれば南天の如くで、年を經れば黒くなり、五味が備はるから五味子と云ふと。之を藥用とするのである。效能は気を益し不足を補ひ、陰を強くし精を益し、又勞傷、虚弱、上氣、吃逆《シャクリ》等を治すと云ふ。品位は朝鮮産が第一で、支那産之に次ぎ、日本産は第三位に當ると云ふことだ。

○人参　「人参呑んで頸くゝる」とか言つて、古來高貴藥の王視せられ、親の人参代の爲に娘が身を苦界に賣るなどは、狂言綺語の常套語《キマリモンク》たる程重きを置かれたものだ。けれども夫れは朝鮮韃靼《ダツタン》の國境にある白頭山や、朝鮮の金剛山から偶に採取される百年二百年を經た人参のことで、今日でも百圓二百圓の物は珍しからず、朝鮮總督府に藏する大人参は、價額實に壹千五百圓といふことだ。此種上等の人参一箇を服用すれば、三年間位は冬中單衣一枚で過しても寒さを感ぜず、雪の上に臥ても雪が融《ト》けると云ふ程である。故に富裕なる支那人などは、之を金製の小函に納めて常に腰に提げ、時々取出しては甜《シヤブ》り、又客にも嘗めさすと云ふ話だ。

山中人参の有る處には、上に紫の氣が搖《ユラ》ぎ、又雪も自然に解けて穴を穿つから、採取者の目標《メジルシ》となると云ふことだ。是れ神草と称せらるゝ所以だ。(恐らく放射能の放射なるべし。玉葱すら放射能を保有す。況んや神草人参に於てをやだ。)而してその神なる者は、根が人の手足面目の如き形をしてゐるから人参の名が起つたのである。他に人蔘《ジン》、人御、神草、黄参、地精、土精などの名もある。

人参の上等なるものは、山中自然生の年数を多く経たものに限るが、栽培のものでも、朝鮮開城で總督府直営の八年生の人参は、比較的效能が多いのである。之に就て想起するのは、朝鮮人李龍植君のことである。それは大正十四年の事で、當時東洋大学在学中の李君は、肺を患ひて重症に陥り、入院して漸く九死に一生を得、退院するや直様我輩の方の講習会に参加したのである。されば君の顔色は蒼白で、身躰は累々たる喪家の狗の如く瘦せ衰へてゐたが、我輩の治療と修養指導で、忽ち十日間に元氣を恢復し、見違へる程の健康躰になつた。故に君は其後も會ふ度に、再生の恩人と感謝してゐるが、併し何分重症に悩まされた後の事とて、さう十日間に身躰の羸《ルイ》瘦《ソウ》まで恢復する者でないから、相変らず弱々しそうであつたが、夏期休暇後上京した折の容貌は肉づきも善く、眞に健康躰となつてゐた。仍て其縁由《イハレ》を聞けば、「歸省後は、先生の指導の如く一生懸命に修養もしたが、一つは人参のお蔭である。それは鷄の毛を毟《ムシ》り臓腑を出した中へ、一杯に開城八年生の人参を詰めて一晝夜程グツ〳〵煮詰め、それを肉も人参も一緒に残らず喰べた所、それから一層元氣も増して、見らる、如く健康躰になつた」と説明してゐた。其後李君は東洋大学を卒へて朝鮮に還り、妻も娶つて教育界并に療術界に活躍して居る。誠に人参の效力も偉大なものだ。但し市井の賣物には僞物が多く、(和人参を開城産と僞称す。)又悪い奴になると、先づ浸して汁を取り、自ら之を啜《スヽ》つて後晒乾して賣る者があるから、油断も隙もあつた者でない。

現代科学の研究に據れば、人参にはパナクロインやナポニンを含むから、強壮剤には無論好いのであり、殊に陰痿、夢精、遺尿、婦人病、ヒステリ、神經衰弱、肺患者などには、一匁を三回に分つて煎用すれば卓效がある。凡て人の面白く、或は黄、或は青黧《アヲグロ》く悴《シナ》びた者は、皆、脾、肺、腎の気の不足なる者で、人参を用ふべきだが、面の赤く、或は黑き者は氣壮んに神強き故、用ふれば強過ぎて害になる事がある。注意すべきことだ。尚、人参には鉄器を忌むもので、茯苓、黄耆《ワウキ》、甘草、麦門冬、升麻などは合薬である。

和人参は古名加乃仁介久佐《カノニゲクサ》、又は久末乃伊《クマノイ》と云ふ。薩摩、攝津、尾張、出雲、信濃、及び會津などより産する。效能は朝鮮産には及ばぬが、さう馬鹿にした者でなく、朝鮮人参と称するものも多くは是れだ。和州吉野山中には自然生のものがあり、靈地の靈草なれば、古ければ朝鮮産にも劣らぬ。唐人参と称する支那産もあるがヤハリ朝鮮産には如かぬ。

○薏苡仁《ヨクイニン》　松脂、茯苓と共に、小学時代に讀んだ『蒙求』の中で、記憶に存してゐるのは薏苡である。それは「馬援薏苡」といふ題で、「後漢の馬援交阯《カウチ》に在り。常に薏苡の實を餌す。能く身を輕くし慾を省き、以て瘴気に勝つ。南方は薏苡の實大なり。援種《ウ》ゑむと欲し、軍の還るとき之を一車に載す。云々」と云ふことが記されてある。この馬援は伏波將軍と称せられ、南夷を征して功績多く、老いて益々壮んにして、六十二の時、尚能く甲《ヨロヒ》を被て馬に上つたので、光武帝が笑つて「矍鑠《クワクシヤク》なる哉是翁や」と賞讃したと云ふことである。之も薏苡仁《ヨクイニン》の效果と見て然るべきだらう。

　薏苡は本邦の古名ヅシダマ。春種を下して叢生する。高さ四五尺、葉は互生し、川穀《ズヾダマ》の葉に異らぬ。夏葉の間に實を結び、川穀より小さい。其實が熟すれば淺渇微黒にして中に穴があり、仁《サネ》には麥に似て廣く白い。之を薏苡仁と称して補益の藥とするが、瘴濕の氣を去り身を輕くし、不老長生ならしむるが、「慾を省き」とある程で、決して催春藥で无い。又俗に數珠玉《ズヾダマ》や鳩麥と同一視するが、何れも頗る類似はして居るが、自から別物である。

　右の外に、黄耆《ワウキ》、遠志《ヨンジ》、山茱萸《サンシユユ》、山藥（自然薯の粉）熟地黄、石斛《セキコク》、附子、蛇床子など擧ぐれば幾らもあるが、先づ主要なる者だけに止めて置く。又調合劑のことは附錄の諸經に澤山挙げてあるから、其方に讓つて省く。尚房中の前後に生卵の一二個を用ゐることは、大に補精に益がある。（多きに過ぐ可らず。）然るに僊道で卵を忌むものは、殺生を嫌ふからである。無論野禽の卵は悉く孵《かへ》るもの故、之を取り食ふことは殺生になるが、鶏卵は元来食料の為に生ましむる者で、捨て置いても親鳥は孵《かへ》すもので無いから、之を食ふは殺生でない。肉食は淡泊なものなら多少は好い。僊道は敢て菜食に限った譯ではない。尚「良薬口に苦し」で、僊薬も大体に於て苦いものと承知せられたい。

醫心方房法

従五位行・鍼博士・兼丹波介・宿禰　丹波康頼撰
松本道別譯

至理第一

『玉房秘決』に云く、冲和子曰く、夫れ一陰一陽之を道と謂ふ。構精化生の用を為すか其理遠き乎《カナ》。故に帝軒（黄帝名は軒轅）之を素女に問ひ、彭鏗《ホウカウ》（彭祖諱は鏗）の殷王に酬ゆる、良《マコト》に旨ある哉。

黄帝素女に問ひて曰く、吾れ氣衰へて和せず。心内樂まず。身常に危きを恐る。將に之を如何せむ。素女答へて曰く、凡そ人の衰微する所以は、皆陰陽交接の道に傷《ヤブ》る、爾《ノミ》。夫れ女の男に勝るは、猶水の火を滅《ケ》すごとし。知りて之を行はゞ、釜鼎の能く五味を和し、以て羹臛《カウカク》（アツモノ）を為す如し。能く陰陽の道を知らば、亦五樂を成す。之を知らざる者は身命將に夭《ヨウ》せむとす。何ぞ歓樂を得む。愼まざる可けむ哉。

素女曰く、采女なる者有り、道術を妙得せり。王（殷王）采女をして彭祖に延年益壽の法を問はしむ。彭祖曰く、精を愛《ヲシ》み神を養ひ、衆藥を服食せば、長生を得べし。然れども交接の道を知らざれば益無き也。男女の相成すは猶天地の相生《ナ》すごとき也。天地交會の道を得、故に終竟の限り无し。人交接の道を失ふ、故に夭折の漸《キザシ》有り。能く漸傷の事を避けて陰陽の術を得ば、則ち不死の道也と。采女再拜して曰く、願はくは要教を聞かむ。彭祖曰く、道は甚だ知り易し。人能く信じて之を行はざる耳《ノミ》。今君王万機を御し天下を治むるも、必ずしも備《ツブサ》に衆道を爲さゞる也。幸に後宮多し。宜しく交接の法を知るべし。法の要は多く少女を御するに在り。而して數〻瀉精する莫くば、人をして身輕く百病を消除せしむる也。

漢の駙馬都尉丞子都、年百卅八。孝武（漢の武帝也）巡狩して子都を渭水の上《ホトリ》に見る。頭上に異氣有り、彸々高さ丈餘許。帝怪みて之を東方朔に問ふ。朔對へて曰く、此君氣有り。天中施行陰陽の術に通理すと。上《シヤウ》左右を屛《シリゾ》けて子都に問ふ。子都曰く、陰陽の事は公中の秘、臣子の言ふ宜《べか》らざる所、又能く之を行ふ者少し。是れを以て敢て告げず。臣之を陵陽子明に受くる、年六十五・此術を行ひ来ること七十二年・諸〻生を求むる者、當に生くる所を求むべし。女の容色を貪り、力を極めて強施せば、百脉皆傷つき、百病並び發する也。

『玉房指要』に云く、彭祖曰く、黄帝千二百女を御して登仙せり。俗人は一女を以て命を伐《き》る。知ると知らざると豈遠からず耶。其道を知る者は、女を御すること多からざるを苦む耳。必ずしも皆、容色妍麗有るを須《ま》たざる也。但、年少にして未だ乳を生ぜず、而して肌肉多き者を得むと欲する耳。但能く七八人を得ば、便ち大に益有る也。

素女曰く、敵家《アヒテ》を御するには、當に敵を視ること瓦石の如く、自ら視ること金玉の如くなるべし。若し其精動かば、當に疾く其郷（女陰内）を去るべし。女を御するは、當に朽索《クチナハ》にて奔馬を御するが如く、深坑に臨みて下に刄有り、其中に墮つるを恐るゝ如くなるべし。若し能く精を愛《ヲ》しまば、命も亦不窮也。

黄帝素女に問ひて曰く、今長く交接せざらむと欲せば、之を為すこと奈何せむ。素女曰く、不可なり。天地に開闔《カフ》（ヒラク、トザス）有り。陰陽に施化有り。人は陰陽に法《ノット》り四時に随ふ。今交接せざらむと欲せば、神気宣布せず、陰陽閉隔す。何を以て自ら補はむ。氣を練りて数々行ひ、故《フル》きを去つて新きを納れ、以て自ら助く可き也。玉茎動かざれば則ち其舎に辟死す。所《ユ》以《エ》に常に行ひて當に導引すべき也。能く動いて施《モラ》さゞる者は所謂還精なり。還精補益せば生道乃ち著れむ。

『素女經』に云く、黄帝曰く、夫れ陰陽交接の節度、之を為すこと奈何ぞ。素女曰く、交接の道故《モト》形状有り。男は衰へざるを致し、女は百病を除き、心意娯楽し、気力自から強し。然れども行ふことを知らざる者は、漸を以て衰損す。其道を知らむと欲せば、気を定め心を安んじ、志を和するに在り。三気皆至れば神明統帰し、寒からず熱からず、飢えず飽かず、身を亭《トド》め體を定め、性は必ず舒遲す。浅く内《イ》れ徐ろに動き、出入希《マレ》なれば、女は意を快くし、男は盛んにして衰へず。此を以て節と為す。

『玄女經』に云く、黄帝玄女に問うて曰く、吾れ素女に陰陽の術を受け、自から法有り。願はくは復た之に命じて其道を悉《ツク》せ。玄女曰く、天地の間、動けば陰陽を生ず。陽は陰を得て化し、陰は陽を得て通ず。一陰一陽相須《マ》ちて行はる。故に男感ずれば堅強に、女動けば闢《ヘキ》張す。二気精を交へて流液相通ず。男八節有り。女九宮有り。之を用ゐて度を失へば、男は癰《ヨウ》疽《ソ》を發し、女は月經を害す。百病生長し、壽命銷亡せむ。能く其通を知らば、樂みて且強く、壽は即ち増延し、色は華の如けむ。

『抱朴子』に云く、凡そ服藥千種、三牲の養も、房中の術を知らずば亦益する所無き也。是を以て古人も、人の輕〻しく情性を恣まゝにするを恐る。故に美に之が説を爲すも、亦盡く信ず可らざる也。玄素之を水火に喩ふ。水火人を煞《コロ》す。而も又人を生かす。能く用ゐると能はざるとに在る耳。大に其要法を都得すれば、女を御すること多々益〻善し。若し其道を曉《サト》らずして用ゐば、一兩者も適《タマ》〻以て死を速くに足る耳。

又云く、人復た陰陽を以て交らざる可らず。交らざれば則ち癰《ヨウ》癧《レキ》の疾を生ぜむ。故に幽閑怨曠、多病にして壽ならず。情に任せ意を恣まゝにせば、復た年命を伐らむ。唯節宜の和を得るに有り。以て損せざる可し。

『洞玄子』に云く、夫れ天萬物を生ずるも、唯人を貴しと爲す。人の上《タット》ぶ所は房慾に過ぐるは莫し。天に法《ノット》り地に象《カタド》り、陰を規し陽を矩す。其理を悟る者は則ち性を養ひ齡を延べ、其眞を慢《アナド》る者は則ち神を傷《ソコナ》ひ壽を夭す。玄女の法の如きに至りては、之を萬古に傳へ、都《ツブサ》に其梗槩を具陳するも、仍《ナホ》未だ其機微を盡さず。余毎に其條を覽るごとに其闕を補はむことを思ひ、舊儀を綜習して此新經を纂す。其純粹を窮めずと雖も、其糟粕を得たり。其坐臥舒巻の形、偃伏開張の勢、側背前却の法、出入深淺の規は、並に二儀（陰陽）の理に會ひ、倶に五行（火木土金水）の數に合へり。其の導《シタガ》ふ者は則ち壽命を得、其の違ふ者は則ち危亡に陥る。既に汎く人に利有り。豈万葉に傳ふる無からむや。（以下『千金方』の二句は畧す。）

養陽第二

『玉房秘決』に云く、冲和子曰く、養陽の家、女人をして此術を竊窺せしむ可らず。但に陽に益無きのみに非ず、乃ち病を損ふに至らむ。所謂利器を人に假《か》せば、則ち袂を攘《ハラ》うて擬する莫き也。又云く、彭祖曰く、夫れ男子大益を得むと欲せば、道を知らざるの女を得るを善しと爲す。又當に童女を御すべし。顔色も亦當に童女の如くなるべし。女は但少年ならざるを苦しむのみ。若し十四五以上、十八九以下を得ば、還《マ》た甚《ハナハダ》益佳也。然れども高くも三十を過ぐ可らず。未だ三十ならずと雖も、已に産める者は之が爲に益する能はざる也。吾が先師此道を相傳する者、三千歳を得たり。藥を兼ぬる者は仙を得可し。

又云く、陰陽気を取り生を養ふの道を行はむと欲せば、一女を以て之を爲す可らず。得る无し。三若しくは九、若しくは十一、多々益々善し。其精液を採取して上鴻泉に還精せば、肌膚悦澤、身軽く目明かに、気力强盛にして能く衆敵を服す。老人は二十時の如く、若し年少ならば勢力百倍せむ。(鴻泉は精室、即ち精液の貯蔵所たる精嚢のことか。)

又云く、女を御するに、一動せむと欲《セ》ば輒《スナハ》ち女を易ふ。女を易へば長生す可し。若し故《コトサ》らに還《マ》た一女を御せば、女の陰気轉《ウタ》た微にして、益を為すこと亦少き也。

又云く、青牛道士曰く、數々女を易ふれば則ち益多し。一夕十人以上を易ふれば尤も佳し。常に一女を御せば、女の精気轉た弱く、大に人を益する能はず。亦女をして痩瘠せしむる也。

『玉房指要』に云く、彭祖曰く、交接の道復た他奇無し。但當に従容《ショウヨウ》安徐、和らぐを以て貴しと為す。其丹穴を玩び、其口實を求め、深く按《イチ》り小しく搖《ユス》り、以て其気を致す。女子陽を感ずれば亦徴候《シルシ》有り。其耳熱して醇《ウマ》酒《サケ》を飲みたる如く、其乳は膨《フク》れ起きて、之を握れば手に満つ。頸項數々動き、両脚振擾《ジョウ》し、淫《ミダ》衍《ラニ》窈窕《タヲヤカニ》、乍ち男身を抱く。此の如きの時、小しく縮めて之を淺くすれば、則ち陽は気を得て陰に損有り。五臟の液は要するに舌に在り。赤松子の所謂玉漿(津液)以て穀を絶つ可しとは、交接の時に當り、多く舌液及び唾を含むなり。人をして胃中豁然、湯藥を服する如く、消渇立ろに愈え、逆氣便ち下り、皮膚悦澤、姿は處女の如くならしむ。道は遠きに求めず。但俗人識る能はざる耳。采女曰く、人情に逆はず。而も壽を益す可しと。亦樂しからず哉。

養陰第三

『玉房秘決』に云く、冲和子曰く、徒らに陽のみ養ふ可きに非ざる也。陰も亦宜しく然るべし。西王母は是れ陰を養ひ道を得たる者也。一たび男と交はれば、男は立ろに損病《ソンヘイ》す。女は顔色光澤にして脂粉を着けず。常に乳酪を食ひて五絃を彈ぜり。心を和らげ意を繫け、他慾無からしむが爲なりと。又云く、王母は夫無く、好んで童男と交はれり。是を以て世敎と爲す可らざるも、何ぞ必ずしも王母のみ然らむ哉。

又云く、男と交るには、當に心を安んじ意を定むべし。如《も》し男子の未だ成らざる有らば、氣の至を須ち、乃ち小しく情志を收めて之と相應せよ。皆振搖踊躍する勿れ。陰精をして先づ竭きしむる也。陰精先づ竭きなば、其處空虛にして風寒の疾を受けむ。或は男子他人と交接するを聞き、嫉妬煩悶せば、陰気鼓動して坐《ソゞ》ろに悁恚《エンイ》《イカリ》を起し、精液獨り出で、憔《セウ》悴《スイ》して暴《ニハカ》に老いむ。皆此れ也。將に宜しく之を抑愼すべし。

又云く、若し陰を養ふの道を知り、二気をして和合せしむれば、則ち化して男子と為る。若し男子と為らずば轉た津液を成し、流れて百脈に入り、陽を以て陰を養ひ、百病消除し、顔色悦澤、肌膚玉の如く、年を延べて老いず、常に少童の如けむ。審かに其道を得て常に男子と交らば、以て穀を絶つ可し。九日にして飢を知らざる也。病みて鬼と交る者有り。尚食はずして瘠瘦せず。況んや人と交るを乎《ヤ》。

和　志　第　四

『洞玄子』に云く、夫れ天は左轉して地は右迴し、春夏謝して秋冬襲ひ、男唱へて女和し、上為して下從ふ。此れ物事の常理也。（左轉右迴、男唱女和の如きは、我が諸冊二神が天の御柱を廻りて唱和されしと帰を一にす。是れ實に天地自然の理なる哉。）若し男揺《ユス》りて女應ぜず、女動いて男従はざれば、直《タダ》に男子を損するのみ非《アラ》ず、亦女人を害す。此に由り陰陽很《モト》り行はれ、上下乖戻《クワイレイ》す。此を以て合會せば彼此利あらず。故に必ず須らく男は左轉して女は右廻し、男は下衝し女は上接すべし。此を以て合会せば、乃ち謂はゆる天平かに地成る矣《ナリ》。凡そ深淺遲速、東西に捌《ハッ》捩《レイ》（モトリモトル）し、理一途に非ず。蓋し万緒有り。若しくは緩く衝くこと鯽《ヒキ》魚《ギョ》《フナ》の鈎《ハリ》を弄ぶが似《ゴト》く、若しくは急に蹙《セマ》ること羣鳥の風に遇ふが如く、進退牽引、上下隨迎、左右往還、出入踈密、此れを以て相持して務めを成し、事に臨みて宜しきを制し、柱《コトヂ》に膠《ニカハ》す可らず。宮。商。以て當時の用を取れ。（宮。商。は五音の二つにて、調子よくの意。）

又云く、凡そ初めて交會の時は、男は女の左に坐し、女は男の右に坐す。乃ち男は箕坐《キザ》（膝を組みて坐るせ）して女を懐中に抱く。是に於て纖腰《ホソゴシ》を勒《オサ》へ、玉躰を撫で、申すこと嬿婉《エンエン》（シトヤカニ、ウツクシク）叙ぶること綢《チウ》繆《ビウ》（結びつき離れぬ貌）心を同じくし意を同じくし、乍《タチマ》ち抱き乍ち勒《オサ》へ、二形相搏《ウ》ち、両口相嗎《ワラ》ひ、男は女の下《シタ》脣《クチビル》を含み、女は男の上脣を含み、一時に相吮《ス》うて其津液を茹《クラ》ふ。或は緩く其舌を嚙み、或は微《スコ》しく其脣を齚《クハ》へ、或は邀《ムカ》へ遣りて頭を抱き、或は逼《ヒヨウ》命して耳を拈《ヒネ》り、上を撫で下を拍ち、東に嗎《ワラ》ひ西に嘘《ヨロコ》び、千嬌既に申べ、百慮竟に解く。乃ち女の左手をして玉茎を握らしめ、男は右手を以て女の玉門を撫づ。是に於て男陰気を感ずれば、則ち玉茎振動す。其狀や峭然として上《タカ》く聳え、孤峯の迥《ハルカ》に漢《カハ》に臨むが若《ゴト》し。女陽気を感ずれば、則ち丹穴津流す。其狀や涓《タン》然として下に逝き、幽泉の深谷より吐くが若し。此れ乃ち陰陽感激の然らしむる所、人力の致す所に非ざる也。勢此に至れば乃ち交接す可し。或は男感振せず、女婬津無きは、皆病《ヘイ》内に發し疾《シツ》外に形《アラハ》れしに縁る矣《ナリ》。

『玉房秘決』に云く、黄帝曰く、夫れ陰陽の道、交接すること奈何。素女曰く、交接の道固と形狀有り。男は以て気を致し、女は以て病を除く。心意娯樂し、氣力益〻壮んなり。道を知らざる者は、則ち侵して以て衰ふ。其道を知らむと欲せば、心を安んじ志を和らげ、精神充帰し、寒からず暑からず、飽かず飢ゑず、身を定め意を正し、性必ず舒遅し、滑かに内れ徐ろに動かし、出入稀ならむを欲す。是を以て節と為し、愼みて敢て違ふこと無くば、女既に懽喜し、男は則ち衰へじ。（此一章、至理第一の「素女経に云く」と文理略〻同一にして些か字句を異にするのみ。固と素女經より抄出せし者ならむか。）

又云く、黄帝曰く、今強ひて交接せむと欲するも、玉莖起たず、面慙《オモハユ》く意羞ぢ、汗は珠子の如し。心情貪欲、強ひて助くるに手を以てせば、何を以てか之を強ひむ。願はくは其道を聞かむ。素女曰く、帝の問ふ所は衆人の有る所なり。凡そ女に接せむと欲せば、固より經紀《スヂミチ》有り。必ず先づ氣を知らば、玉莖乃ち起たむ。其五常に順ひ、九部を存感す。女に五色有り。弖扣《テイコウ》（弖は氐の俗字、イタル也。扣はヒク也。即ち進退の意か。）する所を審かにし、其溢《イツ》精を採り、液を取りて口に丁《ア》つ。精気還化し、髓《ズヰ》脳《ナウ》に塡《テン》満す。七損の禁を避け、八益の道を行ひ、五常に逆ふこと無くば、身乃ち保つ可し。正気内に充つ。何の疾か去らざらむ。腑臓安寧、光澤潤理、接する毎に即ち起ち、気力百倍し、敵人賓服す。何の懃《ハ》づることか之れ有らむ。

『玉房指要』に云く、道人劉京《リウケイ》言はく、凡そ女を御するの道、務めて先づ徐々に嬉戯し、神和し意感ぜしめむことを欲す。良《やゝ》久うして乃ち交接すべし。弱くして之を内れ、堅強にして急に退く。進退《ススキサシ》の間踈遲《シツカ》ならしめむことを欲す。亦高く自ら投擲する勿れ。五臓を顛倒し、絡《ラク》脈を傷絶し、百病を生ずるを致さむ。但接して施《モラ》すこと勿れ。一日一夕数十交して精を失はざる者は、諸病甚だ愈え、年壽日に益さむ。（此章『千金方』第四段に略々同じ。道人劉京とは孫思邈の別名か。）

『玄女經』に云く、黄帝曰く、交接の時、女或は悦ばず、其質動かず、其液出でず、玉莖強からず、小さくして勢ならざるは、何を以て尓《シカ》るや。玄女曰く、陰陽なる者は相感じて應ずる耳。故に陰は陽を得ざれば則ち喜ばず。陽は陰を得ざれば則ち起たず。男接せむとして女樂《ネガ》はず。女接せむとして男欲せず。二心和せず、精気感ぜず、加ふるに卒上暴下（急激に上下する事也。）を以てす。愛樂未だ施《オコナ》はれざるなり。男は女を求めむと欲し、女は男を救めむと欲し、情意合同して、倶に悦心有り。故に女質振感し、男莖盛んに熱して俞鼠（陰内深さ六寸を云ふ）を詧扣《コウ》（メグリウツ）す。精液流れ溢れ、玉莖施縱《ユルミ》し、乍ち緩く乍ち急に、玉戸開翕《キウ》（翕は閉に同じ）し、或は實作して勞せず、強敵自から佚《イッ》す。精を吸ひ気を引いて朱室（精室即ち精嚢か）に灌漑す。今九事（八事か）を陳ぶれば、其法備はり悉《ツク》す。伸縮俯仰、前却屈折、帝審かに之を行ひ、愼みて違失すること莫かれ。

臨御第五

『洞玄子』に云く、凡そ初めて交接するの時は、先づ坐して後、男は左に女は右に臥し、臥定まりて後、女をして正面に仰臥し、足を展べ臂を舒《ノ》べしめ、男は其上に伏して股内に跪《ヒザマ》づき、即ち玉莖を以て堅《タテ》に玉門の口を拖《ヒ》く。森々然として偃松の邃《スキ》谷《コク》洞前に當るが若《ゴト》し。更に磣《シン》勒《ロク》（玉門口か）を拖《ヒ》き、口を鳴《ツ》け舌を嗍《ス》ひ、或は上は玉面を観、下は金溝を視、肚《ハラ》乳の間を撫拍し、瑲《エイ》臺《タイ》の側を摩《マ》挲《サ》（コスリモム）す。是に於て男情既に成り、女意當に迷ふべし。即ち陽鋒（男莖）を以て縦横に攻撃し、或は、下は玉理を衝き、或は上は金溝を築《ツ》き、辟《ヘキ》雍《ヨウ》の傍を撃刺し、瑲臺の右に慰ふ。〔已上は外遊にして未だ内交せざる也。〕女は當に婬津を丹穴に湛《タ》ふべし。即ち陽鋒を以て子宮に投入すれば、快く其精を洩す。津液同流して上は神田（口）に灌《ソ》ぎ、下は幽谷（陰）に漑《ソ》ぎ、往來搆《コウ》撃《ザン》（ヒキ、フサグ）進退指《カイ》摩《マ》せしむ。女は必ず死を求め生を求め、性を乞ひ命を乞ふ。即ち帛子を以て之を乾拭するの後、乃ち玉莖を以て深く丹穴に投じ、陽台に至る。嵒《ガン》々然として巨石の深谿を擁するが若し。乃ち九淺一深の法を行ふ。（淺深の事は別冊『黄素妙論』を見よ。）是に於て縦に拄《アタ》り横に挑《イド》み、傍に牽き側に抜き、乍ち緩く乍ち急に、或は深く或は淺く、廿一息を經て氣の出入を候ふ。女快意を得るや、男即ち疾く、縦撞《ジュウドウ》《ツキツク》し、急に磣。勒。を刺し、高く擡《モタ》げて女の動搖を候ひ、其緩急を取る。即ち陽鋒を以て其穀。實。（陰内入ること五寸を云ふ）を攻め、子宮に投入し、左右研磨自から細々として抽拔するを煩《イト》はず。女は當に津液流溢すべし。男即ち須らく退くべし。死還す可らず。（精を洩すなの意）必ず須らく生返すべし。死出するが如きは大に男に損なり。特に宜しく之を愼むべし。（磣勒、金溝、玉理、辟雍、瑲臺等は女陰の外部、陽臺は内部なること明なれど、未だ詳細を知らず。）

『素女經』に云く、黄帝曰く、陰陽は法有るを貴ぶ乎。素女曰く、女を御するに臨み、先づ婦人をして手を放ち身を安くし、両脚を屈せしめ、男は其間に入りて、其口を銜み其舌を吮《ス》ひ、其玉莖を拊搏《フハク》（ニギリモツ）して其門戸の東西両傍を擊つ。是の如くすること食頃《シバラク》にして徐々に内に入る。玉莖大なる者は内るゝこと寸半、弱小なる者は一寸を入れ、之を動搖する勿れ。徐ろに出し更に入れなば、百病を除かむ。四傍に洩出せしむる勿れ。玉莖玉門に入り、自然に熱を生じ且急なれば、婦人の身は當に自から動搖し、上は男と相得べし。然る後之を深くせば、男女の百病消滅せむ。淺く琴絃（入ること一寸を云ふ。）を刺し、三寸半に入れば、當に口を閉《トザ》して之を刺すべし。一二三四五六七八九目（我鎭魂のヒト、フタ、ミ、ヨ、イツ、ムユ、ナ、、ヤ、コ、ノ、タリと唱ふる如きか。）之を深くして昆石（入ること七寸を云ふ。）の傍に至りて往來し、口は婦人の口に當て、氣を吸ひ、九九の道を行ひ訖《ヲハ》る。乃ち此の如し。

五常第六

『玉房秘決』に云く、黄帝曰く、何をか五常と謂ふ。素女曰く、玉莖實に五常の道有り。深く隱處に居り、節を執って自ら守り、内に至德を懷き、施行して已む無し。夫れ玉莖の意施與せむと欲する者は仁也。中に空有るは義也。端に節有る者は禮也。意欲すれば即ち起ち、欲せざれば即ち止む者は信也。事に臨みて低仰する者は智也。是の故に眞人は、五常に因りて之を節す。仁施予せむと欲すと雖も、精固からざるを苦しむ。義其空を守る者明かなれば、當に禁じて得る無からしむべし。實多きは既に禁ずるの道なり。又當に施與すべし。故に禮之が節を爲す。誠を執つて之を持すれば信既に著はる。即ち當に交接の道を知るべし。故に能く五常に従へば、身乃ち壽也。

五徴第七

『玉房秘決』に云く、黄帝曰く、何を以て女の快きを知るや。素女曰く、五徴五欲有り。又十動有り。以て其変を観て其故を知るなり。夫れ五徴の候、一に曰く、面赤ければ則ち徐々に之を合す。二に曰く、乳堅く鼻汗すれば、則ち徐々に之を内る。三に曰く、嗌《ノド》乾れて唾を咽めば則ち徐々に之を搖かす。四に曰く、陰滑かなれば則ち徐々に之を深くす。五に曰く、尻に液を傳ふれば徐々に之を引く。

五　欲　第　八

素女曰く、五欲は以て其應を知る。一に曰く、意之を得むと欲せば、則ち息を屏《ヲサ》め氣を屏む。二に曰く、陰之を得むと欲せば、則ち鼻口兩《フタツ》ながら張る。三に曰く、精煩はむと欲せば、振掉《タウ》して男を抱く。四に曰く、心滿を欲せば、則ち汗流れて衣裳を濕す。五に曰く、其快欲の甚しき者は身直く目眼る。

十　動　第　九

素女曰く、十動の效《シルシ》、一に曰く、兩手人を抱く者は、體相薄《セマ》り陰相當らむことを欲する也。二に曰く、其兩肶《モヽ》を伸ばす者は、其上方を切磨せむことを欲する也。三に曰く、腹を張るは其淺きを欲する也。四に曰く、尻動く者は快喜なる也。五に曰く、兩脚を挙げて人を拘《カヽ》ふる者は、其深きを欲する也。六に曰く、其兩股を交ふる者は、内痒《カユ》くして淫々たる也。七に曰く、側搖する者は左右を深切せむと欲する也。八に曰く、身を挙げて人に迫る者は淫樂甚だしき也。九に曰く、身布縦《グッタリ》する者は支躰快き也。十に曰く、陰液滑かなる者は精已に洩れし也。效を見て以て女の快きを知る也。

四至第十

『玄女經』に云く、黄帝曰く、意交接を貪りて莖起たず。以て強用す可きや不《イナ》や。玄女曰く、不可なり。夫れ交接を欲するの道は、男四至を俟ち、乃ち女の九氣を致す可し。黄帝曰く、何をか四至と謂ふ。玄女曰く、玉莖怒らざれば和氣至らず。怒つて大ならざれば肌氣至らず。大にして堅からざれば骨氣至らず。堅くして熱せざれば神氣至らず。故に怒るは精の明、大なるは精の開、堅きは精の戸、熱するは精の門なり。四氣至りて之を節するに道を以てせば、機を開いて妄りならず、精洩れざる矣《ナリ》。

九氣第十一

『玄女經』に云く、黄帝曰く、善い哉女の九氣、何を以て之を知るか。玄女曰く、其九氣を伺ひて之を知る可し。女人大息して唾を咽むは、肺氣來り至るなり。鳴《ッ》けて人を吮《ス》ふは、心氣来り至るなり。抱いて人を持するは、脾氣來り至るなり。陰門滑澤なるは、腎氣來り至るなり。慇懃に人を咋《カ》むは、骨氣來り至るなり。足にて人を拘《グ》ふるは、筋氣來り至るなり。玉茎を撫弄するは、血氣来り至るなり。男の乳を持弄するは、肉気來り至るなり。久しく與に交接し、其實を弄して其意を感ずれば、九氣皆至る。至らざる者有れば則ち傷つく容《べ》し。故に至らざれば其數を行うて之を治す可し。

今諸本を検するに一気を缺く。

九法第十二

『玄女經』に云く、黄帝曰く、説く所の九法は未だ其法を聞かず。願はくは為に之を陳べて其意を開け。之を石室に蔵し、其法式を行はむ。

玄女曰く、

九法の第一を龍飜《リョウホン》と曰ふ。女をして正しく偃《エン》臥し向上せしめ、男は其上に伏し、股は床に隠れ、女其陰を挙げて玉茎を受く。其穀實（五寸入るを云ふ）を刺し、又其上を攻め、疎緩《ソロく》動揺、八浅二深（浅深のこと『黄素妙論』を見よ。）死往生返、（洩れむとして洩れざる也。）勢壮んにして且強く。女は則ち煩悦《ハンキャウ》（ウットリスル）して其樂しみ倡《クル》ふが如し。自ら閉固を致して百病銷亡す。

第二を虎歩《コホ》と曰ふ。女をして俯《ウツ》俛《ブ》し、尻を仰《ア》げ首を伏せしめ、男は其後に跪づきて其股を抱き、乃ち玉茎を内れて其中極（八寸入るを北極と云へば、中極は四寸か。）を刺す。務めて深密ならしめ、進退相薄《セマ》り、五八の數（四十也）を行ふ。其度自から得れば女陰閉張し、精液外に溢る。畢りて休息すれば、百病発せず、男益々盛んなり。

第三を猿搏《エンバク》と曰ふ。女をして偃臥せしめ、男は其股を擔いで膝は胸を過ぎしめ、尻背倶に挙ぐ。乃ち玉茎を内れて其臭鼠（三寸入るを云ふ）を刺す。女は煩《モダ》へて動揺し、精液雨の如し。男深く之を案じ、極めて壯且怒る。女快くして乃ち止めば、百病自から愈えむ。

第四を蟬附《センプ》と曰ふ。女をして伏臥し、其軀《ミ》を直伸せしめ、男は其後《シリヘ》に伏して深く玉莖を内る。小しく其尻を挙げて其赤珠を扣《ウ》ち、六九の數を行ふ。女煩《モダ》へて精流し、陰裏動くこと急に、外は開舒を爲す。女快くして乃ち止めば、七傷自から除かれむ。

第五を龜騰《キトウ》と曰ふ。女をして正臥し、其両膝を屈せしめ、男は乃ち之を推して其足は乳に至り、深く玉莖を内れて嬰女（妙論に三寸入るを嬰鼠と云ふ。之か。）を刺す。深浅度を以てし、其實に中《アタ》らしむ。女則ち感悦して躯自から揺挙し、精液流溢《イツ》す。乃ち深く内を極め、女快くして乃ち止む。之を行うて失ふ勿くば、精力百倍せむ。

第六を鳳翔《ホウショウ》と曰ふ。女をして正臥し、自ら其脚を挙げしめ、男は其股間に跪づきて、両手は席に捘け、深く玉莖を内れて、其昆石（妙論に七寸入るを昆戸と云ふ。是れせ。）を刺す。堅熱内牽、女をして動作せしめ、三八の數を行ふ。尻急に相薄りて女陰開舒し、自から精液を吐く。女快くして乃ち止めば、百病銷《キ》えむ。

第七を兎《ト》吮《イン》毫《ガウ》と曰ふ。男正しく反臥して脚を直伸し、女は其上に跨りて膝は外邊に在り。女頭を背《ソム》けて向ひ、足は席に據り、頭を俛《タ》れて乃ち玉茎を内れ、其琴弦（一寸入るを云ふ）を刺す。女快くして精液流出すること泉の如く、欣喜和樂して其神形を動かす。女快くして乃ち止めば、百病生ぜじ。

第八を魚《ギヨ》接《セツ》鱗《リン》と曰ふ。男正しく偃臥し、女は其上に跨りて両股は前に向ひ、安徐之を内る。微《スコ》しく入れて便ち止み、纔に授けて深くする勿れ。兒の乳を含むが如く、女をして獨り揺《ユル》がしめ、務めて遲久せしむ。女快くして男退けば、諸結聚を治せむ。

第九を鶴《カク》交《カウ》頸《ケイ》と曰ふ。男正しく箕《キ》座《ザ》（膝を組みて坐るせ）し、女は其股に跨り、手にて男の頸を抱き、玉茎を内れて麥齒（二寸入るを云ふ）を刺し、務めて其實に中つ。男は女の尻を抱きて其搖挙を助け、女は自から快を感じて精液流溢す。女快くして乃ち止めば、七傷自から愈えむ。

卅法第十三

『洞玄子』に云く、交接の勢を考覈《カウカク》するに、更に卅法を出でず。其間、屈伸俯仰、出入淺深あるも、大々是れ同じくして小々異なる有り。謂ふ可く、哲囊都《ス》べ盡し、採摭《サイセキ》（トリヒロフ）遺る無しと。余遂に其勢を像《カタド》りて其名を録し、其形を假りて其號を建つ。知音の君子、其志（志は誌也）の妙を窮めよ。

一、敘綢繆《ジョチウビウ》（睦言《ムツゴト》する也）

二、申繾綣《シンケンクワン》（離散せざる也。抱合ふ也）

三、曝鰓魚《バクサイギョ》（玉門を見《シメ》す也）

四、騏驎角《キリンカク》（玉莖を見す也）已上四勢は之れ外の遊戲にして、勢皆是れ一等（一様）也。

五、蚕纒綿《サンテンメン》 女仰臥し、両手は上に向つて男の項《うじ》を抱き、両脚を以て男の背上に交へ、男は両手を以て女の項を抱き、女の股間に跪づきて即ち玉茎を内る。

六、龍《リョウ》宛《エン》轉《テン》

女仰臥して両脚を屈し、男は女の股間に跪づき、左手を以て女の両脚を推し、前に向つて乳を過ぎしめ、右手に玉茎を把《ト》りて玉門中に内る。

七、魚《ギョ》比《ヒ》目《モク》

男女倶に臥し、女は一脚を以て男上に置き、面相向ひて口を鳴《ツ》け舌を咂《ス》ひ、男は両脚を展べ、手を以て女の上脚を擔ぎて玉茎を進む。

八、鸞《エン》同《ドウ》心《シン》

女をして仰臥して其足を展べしめ、男は女に騎《ノ》りて肚上《ハラノウエ》に伏し、両手を以て女の頸を抱き、女は両手にて男の腰を抱き、玉茎を以て丹穴中に内る。

九、翡《ヒ》翠《スイ》交《カウ》

女をして仰臥せしめ、足を拳《カヾ》めて男は跪づき、脚を開着（開く意にて着は助辞）して女の股中に坐し、両手を以て女の腰を抱き、玉茎を琴絃中に進む。

十、鴛鴦合《エンアウガフ》

女をして側臥せしめ、両脚を拳《カヾ》めて男の股上に安《オ》き、男は女の背後より女の下脚の上に騎り、一膝を竪て、女の上股に置き、玉茎を内る。

十一、背飛鳧《ハイヒフ》

男仰臥して両足を展べ、女は背面して男の上に坐し、女の足は床に據り、頭を低《タ》れて男の玉茎を抱き、丹穴中に内る。

十二、空翻蝶《クウホンテフ》

男仰臥して両足を展べ、女は男上の正面に坐し、両脚は床に據る。乃ち手を以て助けて力と為し、陽鋒（玉茎）を玉門の中に進む。

十三、偃蓋松《エンガイショウ》

女をして脚を交へて上に向はしめ、男は両手を以て女の腰を抱き、女は両手にて男の項《クビ》を抱き、玉茎を玉門中に内る。

十四、臨壇竹《リンダンチク》

男女倶に相向ひて立ち、口を嗚《ツ》けて相抱き、陽鋒を以て深く丹穴に投じ、没して陽臺中に至る。

十五、鸞雙舞《ランサウブ》　男女一は仰ぎ一は覆《フ》し、仰ぐ者は脚を拳《カゞ》め、覆する者は上に騎り、両陰相向ふ。男箕坐して玉物を着け、上下を攻撃す。

十六、鳳将雛《ホウシャウスウ》　婦人肥大なれば小男を用ひ、共に交接すれば大に佼《ヨ》き也。

十七、海鷗翔《カイオウシャウ》　男床辺に臨み、女の脚を擎《ト》りて挙げしめ、男玉茎を以て子宮の中に入る。

十八、野馬躍《ヤバヤク》　女をして仰臥せしめ、男は女の両脚を擎《カゝ》げて左右の肩上に登せ、深く玉茎を玉門の中に内る。

十九、驥騁足《キテイソク》　女をして仰臥せしめ、男は蹲《ウヅク》まりて左手に女の項《クビ》を捧げ、右手は女の脚を擎《カゝ》げ、即ち玉茎を以て子宮中に内入す。

二十、馬揺蹄《バエウテイ》　女をして仰臥せしめ、男は女の一脚を擎げて肩上に置き、一脚は自ら之を攀《ヨ》ぢ、深く玉茎を内れて丹穴中に入る。大に興なる哉。

廿一、白虎騰《ハクコトウ》　女をして面を伏し膝を跪《ツ》かしめ、男は女後に跪づき、両手にて女の腰を抱き、玉茎を子宮中に内る。

廿二、玄蟬附《ゲンセンフ》

女をして伏臥して足を展べしめ、男は股内に居て其足を屈し、両手にて女の項を抱き、後より玉茎を内れて玉門中に入る。

廿三、山羊對樹《サンヤウタイジュ》

男箕坐し、女をして背面に男上に坐せしめ、女自ら頭を低れ、視ながら玉茎を内る。男急に女の腰を抱きて磣勒《シンロク》する也。（磣。勒。の義明かならず。されど臨。御。第。五。に「急に磣勒を刺す」の句あれば、此處も刺の一字を脱したるに非ざるか。）

廿四、鵾鷄臨場《コンケイリンヂヤウ》

男床上に胡蹲《コソン》（ウヅクマル）して坐し、一小女をして玉茎を抱いて玉門に内れしめ、一女は後より女の裙衿《クンキン》（裙。はスソ、衿。はエリにて義合はず。衿は衿。、即ちモスソの誤りに非ざるか。）を牽き、其足をして快からしむ。大に興なる哉。

廿五、丹穴鳳遊《タンケツホウイウ》　女をして仰臥し、両手を以て其脚を挙《かか》めしめ、男は女の後に跪き、両手を以て床に據り、以て玉茎を丹穴に内る。甚だ俊《ヨ》し。

廿六、玄溟鵬翥《ゲンメイホウショ》　女をして仰臥せしめ、男は女の両脚を取りて左右の膊《ハク》（二の腕）上に置き、手を以て下に向けて女の腰を抱き、以て玉茎を内る。

廿七、吟猿抱樹《ギンエンハウジュ》　男箕坐し、女は男の肶《ヒ》上（股の上）に騎り、両手を以て男を抱き、男は一手を以て女の尻を扶《タス》けて玉茎を内れ、一手は床に據る。

廿八、猫鼠同穴《ベウソドウケツ》　男仰臥して足を展べ、女は男の上に伏して深く玉茎を内る。又は男、女の背上に伏して、玉茎を將《も》って玉門中を攻撃す。

廿九、三春驢《シュンロ》　女の両手両脚倶に床に據り、男は其後に立ち、両手を以て女の腰を抱き、即ち玉茎を玉門中に内る。甚だ大俊也。

三十、秋狗《シウク》　男女相背き、両手両脚を以て倶に床に據り、両尻相柱《サヽ》ふ。男即ち頭を低れ、一手を以て玉物を推して玉門の中に内る。（三十法も狗の眞似を為すに至りて極まる。洞玄子の如きは畢竟淫書家にして、眞の房家に非ざる也。）

九　状　第　十　四

『洞玄子』に云く、凡そ玉茎の或は左撃し或は右撃し、猛将の陣を破る若きは、其状の一也。或は上に縁《ヨ》り或は下に驀り、野馬の山澗に躍跳する若きは、其状の二也。或は出で或は没し、波間の群鴎の若きは、其状の三也。或は深く築《ツ》き或は浅く挑《イド》み、臼鵶《ア》の雀を啄《ツイバ》む若きは、其状の四也。或は深く衝き或は浅く刺し、大石の海に投ずる若きは、其状の五也。或は緩く聳え或は遅く推し、凍蛇《ダ》の窟に入る若きは、其状の六也。或は疾く縦《ツ》き或は急に刺し、驚鼠の穴に透《ヲド》る若きは、其状の七也。或は頭を擡《モタ》げ或は足を拘《カヽ》へ、鶬《サウ》鷹《ヨウ》（鶬は蒼の誤り。鶬は和らぐの意にて鷹に應《フサ》はず。）の狡兎を摑《ツカ》む若きは、其狀の八也。或は上に擡げ或は下に頓《ヌカヅ》き、大帆の狂風に遇ふ若きは、其狀の九也。

六　勢　第　十　五

『洞玄子』に云く、凡そ交接に、或は下玉莖を捺《オサ》へて往來し、其玉理を鋸するに、其勢蚌《ハマグリ》を割つて明珠を取る若きは、其狀の一也。或は下は玉理を擡げ、上は金溝を衝き、其勢石を割つて美玉を尋ぬる若きは、其勢の二也。或は陽鋒を以て瓊臺を衝築し、其勢鐵《テツ》杵《ショ》の藥臼に投ずる若きは、其勢の三也。或は玉莖を以て左右の辟雍を出入攻擊し、其勢五鎚《ツチ》の鐵を鍛ふ若きは、其勢の四也。或は陽鋒を以て往來し、神田幽谷の間を磨耕するに、其勢農夫の秋壤を墾《ヲサ》むる若きは、其勢の五也。或は玄圃、天庭を以て両ながら相磨搏《マバク》し、其勢崩巖の相欽《サガ》しき若きは、其勢の六也。

（玉理、金溝、瓊臺、辟雍、神田、幽谷、玄圃、天庭等、未だ其局處を詳にせざるを遺憾とす。）

八益第十六

『玉房秘決』に云く、素女曰く、陰陽に七損八益有り。一益を固精と曰ふ。女をして側臥して股を張らしめ、男は其中に側臥し、二九の數を行ふ。數卒りて止めば、男をして精を固からしめ、又女子の漏血を治す。日に再行すれば、十五日にして愈ゆ。

二益を安氣と曰ふ。女をして正臥し、枕を高くし両肶《モヽ》を伸張せしめ、男は其股間に跪づきて之を刺し、三九の數を行ひ、數畢りて止む。人をして氣和せしめ、又女の門寒を治す。日に三たび行へば、廿日にして愈ゆ。

三益を利藏と曰ふ。女人をして側臥して其両股を屈せしめ、男は横臥して之を刺し、四九の數を行ひ、數畢りて止む。人をして氣和せしめ、又女の門寒を治す。日に四たび行へば、廿日にて愈ゆ。（效果二益に同じきは、愆まりならざるか。）

四益を強骨と曰ふ。女人をして側臥して左膝を屈し、其右肶を伸べしめ、男は伏して之を刺し、五九の數を行ひ、數畢りて止む。人をして関節を調和せしめ、又女の閉血を治す。日に五たび行へば、十日にして愈ゆ。

五益を調脈と曰ふ。女をして側臥して其右膝を屈し、其左肶を伸べしめ、男は地に據りて之を刺し、六九の數を行ひ、數畢りて止む。人脉をして通利せしめ、又女の門辟を治す。日に六たび行へば、二十日にして愈ゆ。

六益を畜血と曰ふ。男正しく偃臥し、女をして尻を戴《イタヾ》きて其上に跪づかしめ、極めて之を内れ、女をして七九の數を行はしめ、數畢りて止む。人をして力強からしめ、又女子の月經不利を治す。日に七たび行へば、十日にして愈ゆ。

七益を益液と曰ふ。女人をして正伏して後《シリヘ》を挙げしめ、男は上に往きて八九の數を行ひ、數畢りて止む。人をして骨を塡《ミ》たしむ。(句尾に脱文なき歟)

八益を道體と曰ふ。女をして正臥して其肶《モヽ》を屈し、足を尻下に迫らしめ、男は肶を以て脅《セマ》りて之を刺し、以て九々の數を行ひ、數畢りて止む。人をして骨實ならしめ、又女の陰臭を治す。日に九たび行へば、九日にして愈ゆ。

七損第十七

『玉房秘決』に云く、素女曰く、一損を絶氣と謂ふ。絶氣とは、心意欲せずして強ひて之を用ふれば、則ち汗泄れ氣少く、心熱し目は冥々（闇き貌）たらしむ。之を治するの法は、女をして正臥せしめ、男は其両股を擔ぎて深く之を案じ、女をして自ら搖《ユル》がしむ。女の精出づれば止む。男は快を得る勿れ。日に九たび行へば、十日にして愈ゆ。

二損を溢精と謂ふ。溢《イツ》精とは、心意貪愛し、陰陽未だ和せずして之を用ふれば、精中道に溢る。又酔うて交接すれば、喘息氣乱れ、則ち肺を傷つけ、人をして欬逆《ガイギャク》（セキアゲル）上氣、消渇せしめ、喜怒或は悲慘、口乾き身熱して久しく立ち難し。之を治するの法は、女人をして正臥して其両膝を屈せしめ、男をして浅く刺さしむ。玉茎を内る、こと寸半、女子をして自ら搖がしむ。女の精出づれば止む。男は快を得る勿れ。日に九たび行へば、十日にして愈ゆ。

三損を雜脉と謂ふ。雜脉とは、陰堅からずして强ひて之を用ふれば、中道に施瀉して精氣竭く。又飽食訖《ヲハ》りて交接すれば、脾を傷つけ、人をして食化せず、陰痿无精ならしむ。之を治するの法は、女人をして正臥し、脚を以て男子の尻に鉤《カ》けしめ、男は則ち席に據りて之を内れ、女をして自ら搖がしむ。女の精出づれば止む。男は快する勿れ。日に九たび行へば、十日にして愈ゆ。

四損を氣泄と謂ふ。氣泄《エイ》とは、勞倦して汗出で、未だ乾かずして交接すれば、人をして腹熱し脣焦《コ》げしむ。之を治するの法は、男子をして正しく伸臥せしめ、女は其上に跨がりて足を向け、席に據りて淺く莖を内る。女をして自ら搖がしめ、精出づれば止む。男子は快する勿れ。日に九たび行へば、十日にして愈ゆ。

五損を機關厥傷と謂ふ。機關厥傷とは適《タマ》〻新たに大小便し、身體未だ定まらずして强ひて之を用ふれば、則ち肝を傷つく。又卒暴へアワタヾシク、アラク）に交會すれば、遲疾理せず、筋骨を勞疲し、人をして目は眊《バウ》々、癰《ヨウ》疽《ソ》並び發し、衆脉槁絶し、久生偏枯、陰痿《ナ》えて起たざらしむ。之を治するの法は、男子をして正卧せしめ、女は其股に跨がりて前向に踞し、徐々に案じて之を内れ、女をして自ら搖がしめ、女の精出づれば止む。男は快する勿れ。日に九たび行へば、十日にして愈ゆ。

六損を百閉と謂ふ。百閉とは、女に淫佚し、自ら用ひて節せず、數々交はりて度を失へば、其精氣を竭くし、力を用ひて強瀉するも、精盡きて出でず、百病並び生じ、消渇して目は冥々たり。之を治するの法は、男をして正卧せしめ、女は其上に跨がり、前に伏して席に據り、女をして玉莖を内れて自ら搖がしめ、精出づれば止む。男は快する勿れ。日に九たび行へば、十日にして愈ゆ。

七損を血竭と謂ふ。血竭とは、力作疾行勞《ツカ》れて汗出で、因りて以て交合し、既に已むの時偃卧し、推して深く本を沒すること暴急なれば、劇病因りて発す。連施して止まざれば、血枯れ氣竭き、人をして皮虚膚急ならしめ、茎痛み嚢。(陰嚢)濕ひ、精変じて血と為る。之を治するの法は、女をして正臥し、高く其尻を抗《ア》げ、両股を伸張せしめ、男は其間に跪づきて深く刺し、女をして自ら搖がしめ、精出づれば止む。男は快する勿れ。日に九たび之を行へば、十日にして愈ゆ。

還精第十八

『玉房秘決』に云く、采女問うて曰く、交接は瀉精を以て樂しと為す。今閉して瀉《モラ》さずば、將た何を以て樂しと為《セ》む乎。彭祖答へて曰く、夫れ精出づれば則ち身體怠倦し、耳苦《ナヤ》みて嘳《キ》々、目苦みて眠らむと欲す。喉《ノ》咽《ド》乾枯し、骨節解墮し、復た暫く快しと雖も、終に樂しからざる也。若し乃ち動いて瀉さずば、気力餘り有りて身體能く便《ヤス》く耳目聰明、自ら抑制すと雖も意愛更に重く、恆に足らざるが若し。何を以て樂しからざらむ耶。

又云く、黄帝曰く、願はくは聞かむ、動いて施《モラ》さず、其効何如んを。

素女曰く、一。動。瀉《モラ》さゞれば則ち氣力強し。再。動。瀉さゞれば耳目聰明なり。三。動。瀉さゞれば衆病消亡す。四。動。瀉さゞれば五神咸《ミ》な安し。五。動。瀉さゞれば血脉充長す。六。動。瀉さゞれば腰背堅強なり。七。動。瀉さゞれば尻《キウ》股《コ》力を益す。八。動。瀉さゞれば身体光を生す。九。動。瀉さゞれば壽命未だ失はず。十。動。瀉さゞれば神明に通ず。

『玉房指要』に云く、能く一日に數十交して精を失はざれば、諸病皆愈え、年壽日に益さむ。又數々女を易ふれば則ち益多し。一夕に十人以上を易ふればむも佳し。

又云く、仙經に曰く、還。精。補。腦。の道は、交接して精大に動き、出でむと欲《セ》ば、急に左手の中央両指を以て、陰嚢の後を却《シリゾ》け抑へ、大。孔。の前を壯《ツヨク》事之を抑へ、長く氣を吐き、并に歯を椓《タヽ》くこと數十過、氣を閉すこと勿き也。便ち其精を施《モラ》すも、精亦出づるを得ず。玉茎より復還し、上りて脳中に入る也。此法は仙人相授け、皆血を飲みて盟を爲し、妄りに傳ふるを得ず。身其殃ひを受く。(此法『千金方』に出づ。仙経とは即ち千金方の謂ひか。）

又云く、若し女を御し益を取らむと欲して精大に動かば、疾く頭を仰ぎ、目を張りて左右上下を視、下部を縮めて氣を閉せば、精自から止まむ。妄りに人に傳ふる勿れ。能く一月に再施し、一歳に廿四施せば、精皆得て、壽一二百歳なるも顔色有り、疹《シン》を病む無し。（此次ニ『千金方』の「昔貞観云々」の一章あり。省く。）

施　瀉　第　十　九

『玉房秘決』に云く、黄帝素女に問うて曰く、道の要は精を失ふを欲せず。宜しく液を愛《ヲシ》むべき者也。即ち子を求めむと欲せば、何《イカ》に瀉するを得可けむ。素女曰く、人に强弱有り。年に老壮有り。各〻其気力に隨ひ、强ひて快を欲せず。强ひて快を欲せば、即ち損する所有り。故に男年十五にして盛者は一日再施す可く、瘦者は一日一施す可し。年廿にして盛者は日に再施し、羸《ルイ》弱者は一日一施す可し。年卅にして盛者は一日一施す可く、劣者は二日に一施せよ。卌にして盛者は三日に一施し、虚者は四日に一施せよ。五十にして盛者は五日に一施す可く、虚者は十日に一施す可し。六十にして盛者は十日に一施し、虚者は廿日に一施せよ。七十にして盛者は卌日に一施す可く、虚者は瀉せず。（此章、施瀉多きに過ぐ。従ふ可らず。）

又云く、年廿なるは常に二日に一施す。卅なるは三日に一施す。四十なるは四日に一施す。五十なるは五日に一施す。年六十を過ぐれば以て去り、復た施瀉する勿れ。

『養生要集』に云く、道人劉京曰く、春天は三日に壹たび精を施《もら》す。夏及び秋は、當に一月に再び精を施すべし。冬は精を閉ぢて施す勿れ。夫れ天道は冬其陽を藏す。人能く之に法《ノット》る。故に長生を得。冬の一施は春の百に當る。（此次に『千金方』の洩法あれど省く。）

『洞玄子』に云く、凡そ精を洩すの時、必ず女の快を候《うかが》ひ、精を一時に同洩す可し。男は須らく淺く抜いて琴絃・麥齒の間（陰内一二寸の間）

に遊び、陽鋒（男茎）の深淺は孩兒《オサナゴ》の乳を含むが如くす。即ち目を閉ぢて内想し、舌は下腭《シタアゴ》を柱《サヽ》へ、脊を跼《カゞ》め頭を引き、鼻を張り肩を歙《ソビヤ》かし、口を閉ぢ氣を吸ふ。精便ち自から上る。節限の多少は人に由らざる莫し。十分の中只二三を洩し得る矣《ナリ》。

治傷第廿

『玉房秘决』に云く、冲和子曰く、夫れ情を極め欲を逞しうせば、必ず損傷の病有り。斯れ乃ち交験の著明なる者也。既に斯れを以て病む。亦斯れを以て愈す。酲《テイ》（二日酔）を解くに酒を以てするは、喩へと為すに足る也。

又云く、采女曰く、男の盛衰は何を以て候《シルシ》と為《セ》む。彭祖曰く、壮盛にして氣を得れば、則ち玉莖當に熱すべく、陽精濃かにして凝る也。其の衰ふるに五有り。一に曰く、精洩れて出づるは、則ち氣傷《ソコナ》ふ也。二に曰く、精清くして少きは、此れ肉傷ふ也。三に曰く、精変じて臭きは、此れ筋傷ふせ。四に曰く、精出でゝ射せざるは、此れ骨傷ふせ。五に曰く、陰衰へて起たざるは、此れ躰傷ふせ。凡そ此の衆傷は、皆交接を徐ろにせずして、卒暴に之を施瀉するの致す所に由る也。之を治する法は、但だ御して施さゞれば、百日を過ぎずして氣力必ず百倍を致さむ。

又云く、交接するに、目を開いて形體を相見、夜火を燃して圖書を視れば、即ち目瞑清盲《アキメクラ》を病む。之を治するの法は、夜目を閉して交はれば愈ゆ。

交接するに、敵人《アヒテ》を取つて腹上に着け、下より腰を挙げて之に應ずれば、則ち腰痛を苦《ウレ》へ、少腹氣急《サワ》ぎ、両脚背曲す。之を治するの法は、躰を覆《フ》し身を正しくして、徐ろに戯れなば愈ゆ。

交接するに、斯旁を側にして敵《アヒテ》に向ひ、手づから敵の尻を挙ぐれば、脇痛を病む。之を治するの法は、正臥して徐ろに戯れなば愈ゆ。

交接するに、頭を低れ頸を延ぶれば、則ち頭重項強を病む。之を治するの法は、頭を以て敵人の額上に置き、之を低るれば愈ゆ。

交接するに、飽を侵し夜半飯氣未だ消せず、而も以て戯れなば、即ち瘡を病む。胸に氣満ちて脇下抜ぐが如く、胸中裂くが若く、飲食を欲せず、心下結塞《ムネノシタツカヘ》し、時に青黄の胃氣を呕吐す。脉結實し、若しくは衄吐《ヂクト》（ハナチデル）し、若しくは脇下堅く痛み、面に悪瘡を生ず。之を治するの法は、夜半を過ぎ晨《アシタ》に向つて交はれば愈ゆ。

交接するに、酒を侵し醉うて戯れ、力を用ゐて深く極むれば、即ち黄疸《ワウダン》、黒癉《タン》を病む。脇下痛み、手を動かすに、下躰髀裏《モノウチ》嚢に氷を盛るが若く、髀上に徹し肩髆《ケンハク》を引く。甚だしく胸背痛み、欬《セキ》すれば吐血上氣す。之を治するの法は、復た酒勢に乗ずる勿く、晨に向つて交接し、戯るゝこと徐緩なれば躰愈ゆ。

當に溺《ネウ》すべくして溺せず、以て交接すれば、則ち淋を病む。少腹氣急《サワ》ぎ、小便難《ナヤ》み、茎中疼痛し、常に手にて撮持《サウヂ》せむと欲し、須臾に出でむと欲す。之を治するの法は、先づ小便して還《マ》た卧し、定半飯より久頃《シバラク》して、乃ち徐ろに交接すれば愈ゆ。

當に大便すべくして大便せず、而して交接すれば、則ち痔《ヂ》を病む。大便難み、至清日月を移して膿《ウミ》血《チ》を下し、孔旁に創を生じて蜂穴の狀の如し。清上りて傾倚し、便時ならずして出で、疼痛臃《ヨウ》腫《シュ》（ハレアガリ）臥するに息するを得ず。之を治するの法は、雞鳴を用《も》つて先づ起き、更衣して還た臥し、定半飯より徐ろに戯弄す。躰を寛《ヒロ》くし意を緩くし、滑澤ならしめて退けば、病愈え神良く、并に婦の病を愈す。

交接過度にして汗は珠子の如く、屈伸轉《ネガ》側《ヘリ》するに風被裏に生じ、精虛しく氣竭き、風邪躰に入れば則ち病む。緩弱跛《ヒ》蹇《ケン》（ビッコ）と爲り、手は頭に上らず。之を治するの法は、精神を愛養し地黃煎を服す。

　又云く、巫子都曰く、人目をして明かならしむるの道は、動いて施《も》れむと欲する時に臨み、頭を仰ぎ氣を閉ぢ大呼し、目を瞋《ミハ》りて左右を視、腹を縮めて精氣を還し、百脉中に入らしむる也。

耳をして聾《ロウ》せざらしむるの法は、施瀉せむと欲するに臨み、大に氣を咽《ノ》み、齒を合せ氣を閉ぢ、耳中をして蕭々《ショウく》の聲あらしめ、復た腹を縮め氣を合すれば、流布至堅、老に至るも聾せず。

五臓を調へ、食を消し、百病を療するの道は、施《も》るゝに臨み腹を張り、意を以て氣を内れ後《シリヘ》を縮むれば、精散じて還た百脈に歸る也。九淺一深して琴絃麥齒の間に至れば、正氣還り邪氣去る。

人の腰背をして痛まざらしむるの法は、壁に當りて腰を伸べ、甚だ低仰する勿く、腰背を平かにす。却行する所、常に流れしむ。

虚を補ひ、躰を養ひ、病を治せむと欲せば、瀉《も》れむと欲するも瀉らす勿く、還流して中に流せ。中に流せば熱を通ず。

　又云く、夫れ陰陽の道は精液を珍と爲す。即ち能く之を愛《ヲシ》めば性命保つ可し。凡そ施瀉の後は、當に女の氣を取つて自ら補ふべし。復た建九とは内息九たび也。厭一とは左手を以て陰下を殺し、精を還し液を復す也。（厭はオサヘル也。殺も強く厭へて働かさぬこと也。會陰を抑へて還精する法也。）氣を取るとは九淺一深也。口を以て敵口に當て、氣呼し、口を以て吸うて微しく引き、二たび之を咽む无く、氣を致し、意を以て下げて腹に至る。(此処少々解讀に苦む。原文に錯誤あるべし。)陰を助け陰力を為す所以也。此の如くすること三反《ミタビ》、復た淺く之を入れ、九淺一深、九々八十一にして陽數滿つ。玉莖堅ければ之を出し、弱ければ之を内る。此れを弱入強出と為す。陰陽の和は琴絃麦齒（一二寸の間）に在り。陽は昆石（七寸）の下に困《クル》しみ、陰は麦齒の間に困しむ。淺ければ則ち気を得、遠ければ則ち気を散ず。一たび穀實（五寸）に至れば肝を傷《ヤブ》り、風に當れば淚出で、溺に餘瀝有り。臭鼠（六寸）に至れば肺を傷り、欬逆《セキ》し腰背痛む。百病は昆石に生ず。故に交接の時、遠きに及ぶを欲せざる也。

黄帝曰く、此禁を犯すとき療法は奈何。子都曰く、當に女を以て復た之を療すべき也。其法は、女をして正しく偃臥せしめ両股をして相去ること九寸ならしめ、男往いて之に從ふ。先づ玉漿《ツバキ》を飲み、久々《シバラク》鴻泉(女陰)を弄し、乃ち徐ろに玉莖を内れ、手を以て之を節し、則ち裁して琴絃麦齒の間に至らしむ。敵人の淫躍り心煩《モダ》ふるも、常に自ら堅持して之を施瀉する勿く、卅息を度りて堅強ならしむ。乃ち徐ろに之を内れて昆石に至らしめ、當に洪大を極むべし。洪大なれば則ち之を出して正に息《イコ》ひ、劣弱なれば復た之を内る。常に弱入強出せしむれば、十日を過ぎずして堅きこと鐵の如く、熱きこと火の如く、百戰殆《アヤフ》からざる也。

求子第廿一

『千金方』に云く、夫れ婚姻生育は人倫の本、王化の基なり。聖人教を設けて備《ツブサ》に厥旨を論ぜり。後生能く精曉する莫く、事に臨むの日、昏爾として愚なるが若し。云々。今具《ツブ》さに求子の法を述べ、以て後嗣に貽《ノコ》す。同志の士或は覽る可し。

又云く、夫れ子を求めむと欲する者は、當に先づ夫妻の本命五行相生、及び徳合、并に子の休廢死墓中に在らざる者とを知るべし。則ち子を求むれば必ず得らる。其本命五行相剋《サウコク》、及び刑殺衝破と、并に子の休廢死墓中に在る者の若きは、則ち子を求めて得可らず。愼みて意を措く無かれ・縦《タト》ひ或は得る者も後に於て終に亦人を累はす。其相生并に福徳に遇ふ者の若きは、則ち須らく法に依り方の如くし、禁忌を避くべし。則ち誕《ウマ》る丶所の児は盡《コトゴ》く善、盡く美、以て具さに陳べ難し。（我輩は本命五行など陰陽道の学に通ぜざれば、四柱推命書など参照したれど、本章を解読するに苦めり。誤讀は固より期する所、之を諒とせよ。尚この次に交會日、其他求子に関し『千金方』を引くもの四章あれど、既に「孫眞人の房中術」に載せたれば省く。）

『産經』に云く、黄帝曰く、人の始めて生る丶や、胎に在りて陰陽を合するに本づく。夫れ陰陽を合するの時は、必ず九殃《アウ》を避く。九殃とは、日中の子は生れて則ち歐《ハキ》逆《モド》す。一也。夜半の子は天地閉塞し、瘖《オシ》ならずば則ち聾《ツンボ》なり。二也。日蝕の子は躰戚《ナヤ》みて毀傷す。三也。雷電の子は天怒りて威を興し、服狂し易し。四也。月蝕の子は母と倶に凶なり。五也。虹蜺の子は不祥を作すが若し。六也。冬夏日至の子は生れて父母を害す。七也。弦望の子は必ず乱兵風盲と為る。八也。酔飽の子は必ず病癲疽痔と為り瘡有り。九也。

又云く、五観有り。子生れて祥ならず、月水清きは一観也。父母瘡有るは二観也。喪服未だ除かずして子有るは三観也。温病未だ愈えずして子有り、身親喪するは四観也。身に任せて憂恐し、重復驚惶するは五観也。

『玉房秘決』に云く、陰陽を合するに七忌有り。

第一の忌は晦朔《カイサク》（ミソカ、ツイタチ）弦望（月影が弓状に見ゆる陰暦七八日頃と、二十二三日頃を弦と云ひ、陰暦十五日を望と云ふ。）に陰陽を合すれば氣を損す。是を以て子を生めば、子は必ず刑殘なり。宜しく深く之を惧《オソ》るべし。

第二の忌は、雷風して天地感動す。以て陰陽を合すれば血脈湧く。是を以て子を生めば、子は必ず癰腫《ヨウシュ》なり。

第三の忌は、新たに飲酒飽食して穀気未だ消せず。以て陰陽を合すれば、腹中彭亨《ハウカウ》《フクレ》し、小便白濁す。是を以て子を生めば、子は必ず顚狂なり。

第四の忌は、新たに小便して精氣竭く゛以て陰陽を合すれば、經脉澁《シウ》を得。是を以て子を生めば、必ず妖孽《エウゲツ》（ワザハヒ）なり。

第五の忌は、勞倦重擔して志氣未だ安からず。以て陰陽を合すれば、筋腰苦痛す。是を以て子を生めば必ず夭《エウ》（ワカジニ）す。

第六の忌は、新たに沐浴（髮洗に湯アミ）して髮膚未だ燥かず。以て陰陽を合すれば、人をして短気ならしむ。是を以て子を生めば、子必ず全からず。

第七の忌は、兵《マラ》堅くして感怒《オエイキリ》し、莖脉痛む。當に合すべくして合せざれば、内傷きて病有り。此を七傷と爲す。

又云く、人生れて瘖聾《インロウ》なるは、是れ臘《シハス》月暮の子なり。臘暮は百鬼聚會し、終夜息はず。君子は齋戒するも、小人は私《ヒソカ》に陰陽を合す。其子は必ず瘖聾なり。

人生れて傷死する者は、名づけて火子と曰ふ。燃燭未だ滅《キ》えずして陰陽を合す。子有れば必ず市中に傷死す。

人生れて顛狂なる者は、是れ雷電の子なり。四月五月大雨霹靂《ヘキレキ》す。君子は齋戒するも、小人は私かに陰陽を合す。子有れば必ず顛狂なり。

人生れて虎狼の食ふ所と為る者は、重服（喪中）の子なり。孝子は麻を戴き肉を食はず、君子は羸頓《レヰトン》（ヤセオトロフ）するも、小人は私かに陰陽を合す。子有れば必ず虎狼の食ふ所と為る。

人生れて溺死する者は、父母過まって胞《エナ》を銅器中に藏《ヲサ》め、覆ふに銅器を以てし、陰垣の下地に入る七尺に埋む。名づけて童子鬼と曰ふ。其子水中に溺死す。

又云く、大風の子は多病、雷電の子は狂顛、大酔の子は必ず癡狂、労倦の子は必ず夭傷、月經の子は兵亡、黄昏《タソガレ》の子は多変、人定の子は瘖ならざれば則ち聾、日入の子は口舌不祥、日中の子は顛病、晡時《ユフグレ》の子は自ら毀傷す。

又云く、素女曰く、子を求むるの法は自から常躰有り。清心遠慮、其衿袍《キンハウ》（エリ、キモノ）を安定し、垂虚齋戒、婦人月經後三日、夜半の後、雞鳴の前を以て嬉戯す。女をして感動せしめ、乃ち往いて之に從ふ。其道理に適ひ、其快樂を同じくし、身を却けて施瀉す。遠きに過ぐる勿く、麦齒に至る。遠ければ則ち子門を過ぐるも、子戸に入らず。若し道術に依り子有れば、賢良にして老壽也。

又云く、彭祖曰く、子を求むるの法は、當に精氣を蓄養し、數〻施瀉する勿く、婦人の月事断絶後、潔浄三五日にして交はるべし。子有りて則ち男なれば、聰明才智、老壽高貴、女を生めば淸賢にして貴人に配す。

又云く、常に晨《アシタ》に向ふの際に、以て陰陽を御すれば、身を利し躯を便《ヤスク》し、精光益〻張る。子を生めば富貴長命なり。

又云く、素女曰く、夫れ人の陰陽を合するや　當に禁忌を避くべし。常に生氣に乘ずれば老壽ならざる無し。若し夫婦倶に老ゆれば、生化すと雖も、子有れば皆壽ならざる也。

又云く、男女百歳に満ちて子を生めば、亦壽ならず。八十の男、十五十八の女を御す可し。則ち子有りて禁忌を犯さゞれば、皆壽なり。女子

五十、少夫を得れば亦子有り。

又云く、婦人子を懐《ハラ》みて未だ三月に満たず、戊子の日を以て男子の冠《クワン》纓《エイ》(カンムリノヒモ)を取り、之を焼きて灰を取り、酒を以て盡く之を服す。子を生めば富貴明達なり。之を秘せよ。之を秘せよ。

又云く、婦人子無ければ、婦人をして左手に小豆二七枚を持たしめ、右手は男子の陰頭を扶けて女陰中に内れ、左手内の小豆は口中に着く。女自ら男陰を出入し、男陰の精下るを聞かば、女仍ち當に豆を咽むべし。効有ること万に一を失はざる也。

『洞玄子』に云く、凡そ子を求めむと欲すれば、女の月經断後を候《ウカゞ》ひて則ち之と交接せよ。一日三日は男と為り、二日四日は女と為る。五日以後は徒らに精力を損し、終に益無き也。交接して精を洩すの時は、女の快来るを候ひ、須らく與に一時に同洩すべし。洩せば須らく盡すべし。先づ女をして面を正しく仰臥し、端心一意、閉目内想して精気を受けしむ。故に老子曰く、夜半子を得れば上壽たり。夜半前子を得れば中壽たり。夜半後子を得れば下壽たりと。

又云く、凡そ女子懐孕《クワイヨウ》の後は、須らく善を行ふべし。悪色を視る勿れ。悪語を聴く勿れ。婬慾を省き、呪咀《ジュソ》する勿れ。罵詈する勿れ。驚恐する勿れ。労倦する勿れ。妄語する勿れ。憂愁する勿れ。生冷、醋滑、熱食を食ふ勿れ。車馬に乗る勿れ。高きに登る勿れ。阪を下るに急行する勿れ。服餌する勿れ。針灸する勿れ。須らく端心正念、常に經書を聴くべし。遂に男女をして、是の如く聡明智慧、忠眞眞良ならしむ。所謂胎教なり。

好女第廿二

『玉房秘決』に云く、沖和子曰く、婉《エン》嫒《〱》淑《シュク》愼《シン》は（ウツクシク、シトヤカ）婦人の性美なり。夫れ能く濃《ノウ》纖《セン》宜しきを得、脩短（ナガイ、ミヂカイ）度に合せば、徒《タダ》に心目を悦ばすのみに非ず、乃ちむも壽を益し年を延ぶるなり。

又云く、女を御せむと欲すれば、須らく少年未だ乳を生ぜず、肌肉多く、絲髪小眼にして眼精の白黒分明なる者を取るべし。面躰濡滑にして言語音聲和調し、其四支百節の骨は皆肉に沒せしむるを欲す。其陰《マ》及び腋下は毛有るを欲せず。毛有るも當に細滑ならしむべきせ。

『大清經』に云く、黄帝曰く、八相女人とは云何《イカン》か其事を謂ふ。素女曰く、八相女人とは、天性婉順にして氣聲濡行し、絲髪黒く、弱肌細骨、長からず短からず、大ならず小ならず、鑿《サク》孔《コウ》(アナ)高きに位し、陰上に毛無く、精液多き者なり。年五々以上三十以還にして未だ産せざる者、交接の時に精液流漾、身体動揺して自ら定むる能はず、汗流れて四《ヨモ》に通《ハ》せ、人に隨ひて挙止せば、男子は法を行はずと雖も、此人を得れば損を爲さず。(次の大清經の一章は、解讀し難き故に省く。)

又云く、凡そ貴人尊女を相するの法は、滑肉弱骨、專心和性、髪の澤《ツヤ》漆の如く、面目悦美し、陰上に毛無く、言語の聲細く、孔穴前に向ふものを得むと欲す。之と交會すれば終日勞《ツカ》れず。務めて此の如き女を求め、以て性を養ひ年を延ぶ可し。

悪女第廿三

『玉房秘決』に云く、悪女の相とは、蓬頭蠅《ジョウ》面、槌《ツヰ》項《コウ》結喉、麦歯雄聲、大口高鼻、目精渾濁、口及頷《アゴ》に高毛有りて鬢髪の似《ゴト》く、骨節高大、黄髪少肉、陰毛大にして且強く、又多く逆生す。之と交會すれば皆人を賊《ソコ》損《ナフ》す。

又云く、女子の肌膚麄《アラ》きは御せず。身躰癯瘦《ヤセ》たるは御せず。常に高き従《ヨ》り下《ヒク》きに就くは御せず。男聲にて氣高きは御せず。股脛に毛を生ずるは御せず。嫉妬なるは御せず。陰の冷きは御せず。快喜せざるは御せず。食過飽せるは御せず。年三十を過ぎたるは御せず。心腹調はざるは御せず。逆毛なるは御せず。身躰常に冷きは御せず。骨強堅なるは御せず。捲髪《マキゲ》結喉なるは御せず。腋偏《ワキノシタ》臭きは御せず。淫水を生ずるは御せず。

（此次、大清經の二章を省く。）

禁　忌　第　廿　四

『玉房秘決』に云く、冲和子曰く、易に曰く、天は象を垂れて吉凶を見《シメ》し、聖人之に象《カタ》どると。禮(禮記《ライキ》)に云く、雷将に聲を發せむとす。其容止を戒めざる者有らば生子成らず。必ず凶災《サイ》ありと。斯れ聖人誡を作すなり。深く愼まざる可らざる者也。若し夫れ天変上に見《アラ》はれ、地災下に作《オコ》り、人其間に居る。安《イヅク》んぞ畏れて之を敬せざるを得む。陰陽の合は、むも是れ敬畏の大忌なる也。

又云く、彭祖曰く、消息の情は去らざる可らず。又當に大寒大熱、大風大雨、日月蝕、地動雷電を避くべし。此れ天忌也。醉飽喜怒、憂悲恐懼、此れ人忌也。　山川神祇、社稷《ショク》井竈《ソウ》の處、此れ地忌也。既に三忌を避く。此の忌を犯す者は既に疾病を致す。子は必ず短壽なり。

又云く、凡そ服藥虚劣にして諸病未だ平ならざるに及び、復た陰陽を合すれば、並びに人を損す。

又云く、月殺には以て陰陽を合す可らず。凶なり。又云く、建破執定の日、及び血忌の日に陰陽を合す可らず。人を損す。

又曰く、彭祖曰く、姧淫は人をして壽ならざる所以の者、未だ必ずしも鬼神の爲す所のみならざる也。或は粉を以て陰中に内れ、或は象牙をを以て男莖と爲して之を用ふ。（本邦の張形の如きものか。）皆年命を賊《ソコナ》ひ、老を早め死を速く。

『蝦蟇圖經』に云く、黄帝岐伯に問うて曰く、男女倶に病を得る所以の者は何ぞや。岐伯對へて曰く、其の月の盛毀闇明を推さゞるを以て、其禁を知らずして陰陽を合す。是の故に男女倶に病を得る也。月生四日に陰陽を合す可らず。癰疽《ヨウソ》を發す。月生六日に陰陽を合す可らず。癰疽を發す。月生九日に陰陽を合す可らず。（脱文あるべし）月生十五日に陰陽を合す可らず。女子中風を病む。大禁なり。月毀卅日に陰陽を合す可らず。禁なり。

『華佗針灸經』に云く、冬至、夏至、歳旦、此三日の前後は皆灸刺せず。房室に及べば人を殺す。大禁也。

『養生要集』に云く、房中の禁忌は、日月晦朔、上下弦望、六丁六丙の日、破日、月の廿八、日月蝕、大風甚雨地動、雷電霹靂、大寒大暑、春秋夏冬節変の日、送迎五日の中は陰陽を行はず。本命行年之を禁ず。重き者は夏至後の丙子丁巳、冬至後の庚申辛酉、及び新沐頭、新遠行、疲倦、大喜怒には皆陰陽を合す可らず。丈夫衰忌の年に至りては、妄りに施精す可らず。(此次の一章明瞭ならず。省く。)

又云く、交接には尤も酔飽を禁ず。大忌也。人を損すること百倍。酔ひて交接すれば、或は悪瘡を致し、或は上氣を致す。小便を欲して之を忍び、以て交接すれば、人をして淋を得しむ。或は小便難く、茎中痛み、小腹強《こは》し。大に喜怒するの後、以て交接す可らず。癰疽を發す。

又云く、卜先生曰く、婦人の月事未だ盡きず。而も與に交接すれば、既に女人を病ましめ、子を生めば、或は面上に赤色凝りて手の如き者有り。或は身躰に在らしむ。又男子白《ハク》駮《ハク》病(シロナマヅ)を得。

又云く、已に酔うて房する勿れ。已に房して酔ふ勿れ。已に飽いて房する勿れ。已に房して飽く勿れ。已に労して房する勿れ。已に房して労する勿れ。已に饑ゑて房する勿れ。已に房して饑うる勿れ。

『洞玄子』に云く、男の年女に倍すれば女を損す。女の年男に倍すれば男を損す。

又云く、素女論に曰く、五月十六日は天地牝《ヒン》牡《ボ》するの日なり。房を行ふ可らず。之を犯せば、三年を出でずして必ず死す。何を以て之を知るか。但し新布一尺を取りて此夕東墉《ヨウ》《カキ》上に懸《カ》け、明日に至りて之を視るに、必ず血有り。之を忌む。

又云く、交接に、向ふ所、時日に吉利益損あり。時効に順へば此れ大吉なり。春は首東に向ふ。夏は首南に向ふ。秋は首西に向ふ。冬は首北に向ふ。陽日は益、隻日は是陰日は損、雙日は是陽時は益、子の時已後午前は是陰時は損、午の時已後子前は是春は甲乙、夏は丙丁、秋は庚辛、冬は壬癸なり。

『千金方』に云く、四月十月は房に入るを得ず。又云く、日初入後、房に入る勿れ。又曰く、新たに労すれば、須らく沐浴し、然る後御を合すべし。沐浴せずして御す可らざる也。

又云く、凡そ熱病新たに差《イ》え、及び大病後未だ百日に満たず、氣力未だ平復せず。而も以て房室すれば、喀血して死す。熱病に房室するを名づけて陰陽の病と為す。皆治し難く、多くは死す。近者《チカゴロ》上大夫有り。小しく傷寒を得、十餘日を以て差《イ》ゆ。能く馬に乗りて行来し、自ら謂ふ、平復せりと。以て房室し、即ち小腹急に痛み、手足拘拳《カヾマ》りて死せり。之を治するの方は、女の褌衣《コシマキ》の毛に附く處を取りて焼き、服すること方寸の匕《サジ》に日に三たびす。女人の病は男褌《ダンコン》を取りて此法の如くす可し。今案ずるに、『葛氏方』に云く、童女の褌を得れば益々良しと。又の方は、與に交はる所の婦人の衣を取り、男子の上を覆ふこと一食久《シバラク》す。

断鬼交第廿五

『玉房秘決』に云く、采女曰く、何を以て鬼交の病有るか。彭祖曰く、陽陰交らず、情欲深重なるに由る。即ち鬼魅《キミ》像《スガタ》を假りて之と交通す。之と交通するの道、自から人に勝る有り。久しく交はれば則ち迷惑し、諱《イ》みて之を隱し、肯《アヘ》て告げず。以て佳しと爲す。故に獨死するに至りて之を知る莫き也。若し此病を得れば、之を治するの法は、但だ女をして男と交はらしむ。而して男は瀉精する勿く、晝夜息む勿く用ふれば、七日を過ぎずして必ず愈ゆ。若し身躰疲労して独り御する能はざる者は、但だ、深く按じて動く勿ければ、亦善き也。之を治せざれば、人を殺すこと數年に過ぎざる也。其事實を驗せむと欲すれば、春秋の際を以て深山大澤の間に入り、云爲する所無く、但だ遠望極思し、唯交會陰陽を含むこと三日三夜の後、則ち身躰翕《キフ》然として寒熱し、心煩《モダ》へ目眩《クラメ》き、男は女子を見、女子は男子を見、但だ交接の事を行ひ、美は人に勝る。然れども必ず人を病ませて治し難し。怨曠の氣、邪鬼の凌ぐ所と爲る。後世當に此の如き者有るべし。若し處女貴人にして、當に男と交はるべくして交はらざるに苦む者あらば、之を治するの方は、當に石硫黄數両を以て焼きて婦人の陰下を熏《フス》べ、并に鹿角末方寸匕を服すれば、即ち愈ゆ。當に鬼の涕泣して去るを見るべし。一方に、鹿角を服すること方寸の匕《サジ》に七日、差《イ》ゆるを以て度と為す。

用薬石第廿六

『千金方』に云く、采女曰く、交接の事は既に之を聞けり。敢て問ふ。薬物を服食するとは何ぞ。亦得て効有りや。彭祖曰く、人をして丁強不老ならしめ、房室するも気力を労損せず、顔色衰へざる者は、麋《ビ》角（オホジカのツノ）に過ぐる莫き也。其法は麋角を取り、之を刮《ケツ》って末。十両と為し、輒《スナハ》ち八角生附子一枚を用って之に合し、服すること方寸の匕《サジ》にて日に三たびなれば大に良し。亦麋角を熬《イ》り、微黄単に合して之を服す可し。亦人をして老いざらしむ。然れども遅緩にして附子を内る、に及ばず。之を服する廿日、大に佳なるを覚ゆ。亦隴《ロウ》西頭茯苓《ブクリョウ》を内れ、分等に擣《ツ》き篩《フル》ふ可し。服すること方寸匕《ヒ》に日に三たびなれば、人をして長生し、房内衰へざらしむ。今案ずるに『玉房秘訣』之に同じ。（此章及び次章、管見の及ぶ所にては『千金方』に見當らず。疑ふべし。）

又云く、痿《ナ》えて起たず、起ちて大ならず、大にして長ならず、長にして熱せず、熱して堅からず、堅くして久しからず、久しくして精無く、精薄くして冷きを治するの方は、

蓯蓉《シュウヨウ》　鍾乳《ショウニュウ》　蛇床《ヂャショウ》　遠志《ヲンジ》　續斷《ゾクダン》　薯蕷《ヤマノイモ》　鹿茸《ロクジョウ》

右の七味各三兩、酒にて服すること方寸匕に日に二たび。多房を欲すれば蛇床を倍す。堅を欲すれば遠志を倍す。大を欲すれば鹿茸を倍す。多精を欲すれば鍾乳を倍す。今案ずるに、『延齡圖經』に云く、等分して廿九日三服すと。

『玉房秘決』に云く、男子陰痿《ナ》えて起たず、起つて強からず、事に就て情無きが如きは、此れ陽氣少く腎源微なれば也。之を治するの方は、

蓯蓉　五味　各二分　蛇床子　菟絲子《ネナシカヅラ》　枳《キ》實　各四分

右の五物を擣《ツ》き篩《フル》ひ、酒服すること方寸匕にて日に三たびす。蜀郡の府君は、年七十以上にして復た子有り。又の方は、雄蛾末、連者子三分、

細辛、蛇床子三分を搗き篩ひ、雀卵にて和して梧子《アヲギリノミ》の如くし、交接に臨みて一枚を服す。若し強くして止まざれば、水を以て之を洗ふ。

『玉房指要』に云く、男子健にして、房室を作《ナ》すこと一夜に十餘たびなるも息まざらしめむと欲するの方は、

蛇床子　遠志《ヲンジ》　續斷　蓯蓉

右の四物を分等して散と爲し、日に三たび方寸匕に服す。曹公之を服して一夜に七十女を行へり。

『洞玄子』に云く、禿雞散。男子の五勞七傷、陰痿不起、爲事不能を治す。蜀郡の太守臣敬大、年七十、此藥を服して三男を得たり。長く之を服し、夫人玉門中に疹《シン》を患ひて坐臥する能はず。即ち藥を庭中に棄つ。雄鷄之を食ひ、即ち起つて鴜鷄の背に上り、連日下らず。其頭冠を啄《ツイバ》み、冠禿《ハ》ぐ。世呼んで禿鷄散と爲す。亦禿鷄丸とも名づく。方は

肉蓯蓉三分　五味子三分　菟絲子三分　遠志三分　蛇床子四分

凡そ五物を搗き篩ひて散と爲し、毎日空腹に酒下すること方寸匕にて再

三、敵無ければ服す可らず。六十日に四十婦を御す可し。又白蜜を以て丸に和して梧子の如くし、五丸を服すること日に再び。知《キ》くを以て度と為す。今『千金方』を案ずるに、八味有り。蛇床子三分、菟絲子二分、蓯蓉三分、遠志二分、五味子二分、防風二分、巴戟天《ヒヽラギ》二分、杜仲一分とす。

又云く、鹿角散。男子の五労七傷、陰痿不起、卒《ニハカ》に婦人に就き事に臨みて成らざる、中道痿死、精自から引出、小便餘瀝、腰背疼冷を治する方は、

鹿角　栢子仁　菟絲子　蛇床子　車前子　遠志　五味子　蓯蓉各四分

右擣き篩ひて散と為し、食後毎に服すること五分匕にて日に三たび。知《キ》かざれば更に方寸匕を加ふ。

『范汪方』に云く、開心薯蕷腎気丸。丈夫の五労七傷を治す。髓極まつて寒に耐へず。眠れば即ち臚脹《ハラフク》れ心満ちて雷鳴し、飲食を欲せず。食ふと雖も心下停滞して消する能はず。春夏は手煩熱し、秋冬は両脚湊き、冷虚多忘、腎気行はれず、陰陽發せず、痿《モ》るゝこと老人の如し。之を服すれば、中を健かにし髓を補ひ、虚を塡《ミ》て志を養ひ、心を開き臓を安く

し、涙を止め目を明かにし、胃を寛くし陰陽を益し、風を除き冷を去り、治せざる所無し。方は、

肉蓯蓉一両　山茱萸一両　干地黄六分　遠志六分　蛇床子五分　五味子六分　防風六分　茯苓六分　牛膝六分　菟絲子六分　杜仲六分　薯蕷六分

凡そ十二物を搗き下して篩ひ、蜜丸梧子の如くし、廿丸を服すること日《ヒル》二たび夜一たび。若し煩心すれば即ち之を停滅し、只十丸を服す。服藥五日にして玉莖熾熱、十夜にして通躰滑澤、十五夜にして顔色澤常、手足熱し、廿夜にして雄力盛んならむと欲す。廿五夜にして經脉満ち、卅夜にして熱気朗徹、面色花の如く、手文絲の如し。血心開き、事を記して忘れず。愁を去り忌を上し、獨寝寒からず、尿を止め陰を和す。年卅以下は一剤にて即ち足る。五十以上は両剤なり。七十に満つるも亦子有り。禁忌する所無し。但し大辛酢を忌む。

肉蓯蓉丸　男子の五労七傷を治す。陰痿えて起たず、積りて十年の癢濕

有り、小便淋瀝し、溺《ネウ》時に赤時に黄なるも、此藥を服すれば、性を養ひ氣力を益し、人をして健かに陰陽を合せしむ。陰痿えて起たず、起つて堅からず、堅くして怒らず、怒つて洪《オホイ》ならず、入れば便ち自死するも、此藥を服すれば、精を補ひ氣力を益し、人をして顔色を好からしむ。方は

肉蓯蓉　菟絲子　蛇床子　五味子　遠志　續断　杜仲　各四分

右の七物を擣き篩ひ、蜜にて和して丸と爲し、丸は梧子の如くす。平旦に五丸を服し、日に再びす。藥異を知らざれば七丸に至る。之を服すること卅日にして知る。五十日にして陰陽大に起る。陰弱ければ蛇床子を加ふ。怒らざれば遠志を加ふ。少精なれば五味子を加ふ。洪大ならしめむと欲すれば蓯蓉を加ふ。腰痛めば杜仲を加ふ。長からむと欲すれば續断を加ふ。加ふる所の者は之を倍す。年八十の老公、之を服して卅の時の如し。數ゝ用ひて驗有り。婦人無きは服す可らず。禁忌常法の如し。

遠志丸　男子の七傷、陰痿不起を治するの方、

續断四兩　薯蕷二兩　遠志二兩　蛇床子二兩　肉蓯蓉二兩

凡そ五物を搗き篩ひ、雀卵に和して丸豆の如くす。旦《アシタ》に服すること五丸、日に二たびすれば、百日に長ずること一寸、二百日に三寸なり。

『銀驗《ケン》方』に云く、益多散。女子臣妾再拜、書を皇帝陛下に上る。臣妾頓首々々、死罪々々。愚聞く、上善は君を忘れずと。妾の夫華浮、年八十にして房内衰ふ。知る所に従うて方を得たり。方用は、

生地黄十分　桂心一尺、准二分　甘草五分炙《アブ》ル　朮《ジュツ》二分　干漆五分

凡そ五物を搗いて末として下し篩ひ、治合の後、酒を以て服す。服すること方寸匕にて日に三たびす。華浮此藥を合し、未だ服するに及ばずして歿せり。故浮に奴字益多有り。年七十五、病んで腰屈し、髮白く横行偃《ウ》僂《ル》（セカヾマル）す。妾之を憐み、以て藥を與ふ。益多服すること廿日にして、腰伸び白髮更に黒く、顔色滑澤、狀卅の時の若し。妾に婢字は番息、謹善の二人有り。益多以て妻と爲し、男女四人を生む。益多出で、酒を飲み、酔ひて帰りて謹善に趣く。謹善妾の傍に在りて臥す。益多謹善を追ひ得て與に交通す。妾覚めて偷《ヌスミ》み聞くに、多の氣力壯んに動

き、又微しく他の男子に異なり。妾年五十、房内更に開きて解怠人を識らず。自ら女情を絶断する能はず。爲に二人を生む。益多、妾番息等三人と陰陽を合して極まる時無し。妾識《語》に奴と通ずるを恥ぢ、即ち益多を殺し、莖中を拆《サ》いて中を視るに黄髄有りて充満す。更に以て此方の験有るを知る。陛下御するに膏を用ひられ、髄随つて満つ。君宜しく良方を用ふべし。臣妾死罪、稽首再拝、以て聞す。

『極要方』に云く、丈夫房室に健なること百倍し、常に勝ち精を多くし、気を益し陰陽を起し、熱を得て大ならむと欲するを療するの方、

蛇床子二分　菟絲子二分　巴戟天二分　肉蓯蓉二分　遠志一分、心を去る、

已上を散と爲し、半銭許を酒服すること廿日、精気を益す。

『葛氏方』に云く、男陰萎《ナ》え、女陰潤ひ、後復た人道无きを治するの方、

肉蓯蓉　蛇床子　遠志　續断　菟絲子各一両

擣きて末とし、酒に服すること方寸匕に日に三たび。

又云く、平常自から強く、接に臨みて便ち弱きを治する方は、蛇床子、

菟絲子を末とし、酒服すること方寸匕に日に三たび。

『耆婆方』に云く、陰萎を治する方は、枸杞《クコ》、菖蒲、菟絲子、各一分を合して下し篩ひ、方寸匕を以て服すること日に三たび、堅強鐵杵《テッショ》の如し。

又の方、早《アサ》の空腹に、温酒に好蘇を内れて之を飲む。

又の方、單末の蛇床子を、酒にて之を服す。

『蘇敬本草注』に云く、陰萎には、薯蕷を日に干し、擣き篩ひて粉と為し、之を食ふ。（此下に新羅法師流観の『秘密要術方』の文を載すれど、誤脱多く、且くだく〳〵しければ省く。）

『葛氏方』に云く、陰をして萎弱ならしめむと欲するの方は、水銀、鹿茸、巴豆を雑《マ》ぜ擣きて末とし、和調するに眞鹿脂を以てし、和して莖に傅《ツ》け、及び嚢帛にて之を包む。若し脂強ければ、小麻油を以て雑ぜ煎ず。此れ閹人《エンジン》（宮刑に罹り精氣閉藏せる者）に異ならず。

又の方、三陰交の穴に灸すれば、陽道を衰弱せしむ。今案ずるに、此穴は内踝《ウチクルブシ》の上八寸に在り。

『蘇敬本草注』に云く、鹿脂は丈夫の陰に近づく可らず。
『陶景本草注』に云く、菱實霜を被るの後之を食へば、陰をして不強ならしむ。

玉茎小第廿七

『玉房指要』に云く、男子を治し、陰をして長大ならしむるの方、
栢子仁五分　白歛《ビャクレン》四分　白朮《ビャクジュツ》七分　桂心三分　附子一分
右の五物を散と為し、食後方寸匕に服すること日に再び、十日乃至廿日にて長大なり。
『玉房秘決』に云く、男子の陰をして大ならしむるの方、
蜀椒　細辛　肉蓯蓉
凡そ三味を分等にし、治下して篩ひ、以て狗膽《クセン》中に内れ、居る所の屋上に懸くること三十日、以て陰を磨すれば、長ずること一寸。
『洞玄子』に云く、陰を長ぜしむるの方、

肉蓯蓉三分　海藻二分

右を搗き篩ひて末と爲し、以て正月白犬の肝汁に和し、陰上に塗ること三度、平旦新たに水を汲みて洗却す。即ち長ずること三寸。極めて験あり。

玉門大第廿八

『玉房指要』に云く、女の玉門を小ならしむる方、

硫黄四分　遠志二分を散と爲し、絹嚢に盛りて玉門中に着く。即ち急《セマ》る。

又の方、

硫黄二分　蒲華二分を散と爲し、三指に撮《ツマ》み、一升の湯中に着けて玉門を洗ふこと廿日、未嫁の僮《ヲトメ》女の如し。

『洞玄子』に云く、婦人の陰の寛冷を療して急小にし、交接して快ならしむる方、

石硫黄二分　青朮《ジュツ》二分　山茱《シュ》萸《ユ》二分　蛇床子二分

右四味を搗き篩ひて末と爲し、交接に臨み、玉門中に内る、こと少許、

過多なるを得ず。最も孔の合ふを恐る。
又の方、石硫黄末を取り、三指にて撮《ツマ》み、一升の湯中に内れて陰を洗ふ。急《セマ》まること十二三の女の如し。
『銀験方』に云く、婦人の陰を急小にして縶せしむる方、
青朮香二分　山茱萸四分
凡そ二物を散と為し、唾にて和して小豆の如くし、玉門中に内る。神験あり。

少女痛第廿九

『集験方』に云く、童女始めて交接し、陽道違理し、及び他物の傷つくる所と為り、血流れて止まざるを治する方は、乱髪并に青布を焼きて粉末と為し、之を着くれば立どころに愈ゆ。

又の方は、麻油を以て之に塗る。又の方は、釜底の黒断葫磨を取りて之を塗る。

『千金方』に云く、子戸（子宮）の痛みを治する方は、烏賊《イカ》、臭骨二

枚を焼いて屑と為し、酒服すること方寸匕に日に三たび。又の方は、牛膝五両を酒三升を以て煮、再沸して滓《カス》の分を去り、三たび服す。

『玉房秘決』に云く、婦人初めて交はりて傷つき、痛み積日歇《ヤ》まざるを治する方、

甘草二分　芍薬二分　生薑《シャウキャウ》三分　桂心十分

水三升にて煮、三沸して一服す。

長婦傷第卅

『玉房秘訣』に云く、女人陰陽を交ふること過ぎたるに傷つき、陰腫を患ひて疼痛するを治する方、

桑根白皮切半升　干薑《カンキャウ》一両　桂心一両　棗《ナツメ》廿枚

酒一升を以て煮、三沸して一升を服す。合して汗出で風に當る勿れ。亦水を用つて煮る可し。

『集験方』に云く、女子丈夫に傷つき、四躰沈重、頭痛きを治する方、

生地黄八両　芍薬五両　香豉《カウトウ》一升　葱白切一升　生薑四両　甘草二両、炙《アブ》る。

各切を水七升を以て煮、三升を取りて分ち、三服して差《イ》えざれば、重ねて作る。

『千金方』に云く、陰陽を合して輙《スナハ》ち痛み忍ぶ可らざるを治する法、

黄連六分　牛膝四分　甘草四分

右三味を水四升にて煮、二升を取つて之を洗ふこと、日に四たび。

『劉涓子』に云く、女人交接して輙ち血出づるを治する方、

桂心二分　伏龍肝三分

二味を酒にて服すること、方寸匕に日に三たび。

醫心方第廿八終

附録

黄素妙論目次

天真論

むかし黄帝素女に問うて曰く、上古の聖人、壽或は千二百歳或は八百歳を保ち、中古に至つても百二十歳を保ちたるに、今は只数十年にしてほろぶ、それのみにあらず無病なるもの少く、痼疾の者多し、如是壽夭安危の不同あるは何の所謂《ユハレ》ぞや

素女答へて曰く、それ幼少にして病多く、或は苗にして秀でざるは、父ひはづ（繊弱）にして種をおろし、母胎をうけて諸事をつゝしまざる謂《イワレ》也、又父母も堅固にして其子幼少の時無病なりと雖も、二十三十に成りてより後漸々と病者となり、ひはづなるは其身の無養生なるいはれ也、夫れ養生と云へば、飲食の保養、男女の交合、只此の二つにきはまり、将に少年壮歳の時は血氣既に潤澤にして、骨髄誠に堅固なり、此時分飲食をつゝしみ交合を遠くいたさば、何の病尋ねてか来り、如何して長生を得ざらんや、

交合和違

黄帝問うてのたまはく、男女交合の和違如何、

素女答へて曰く、夫れ天地陰陽交會しては萬物を生じ、男女陰陽交合しては子孫を生ず、かつは天地陰陽まじはらざる時は四時ならず萬物生ぜず、男女陰陽合せざるときは人倫滅して子孫絶断す、かつ交合するに秘傳の要術あり、是れ誠に養生の奥儀、治病の妙道也、今悉くこれを述べん、深くつゝしんで妄に人に示すべからず、

夫れ女人の淫念至らざる間は男子強ひて交るべからず、女人に淫慾の情念のいたるしるし五あり、

一、男女ひそかに對面し物語などするに、俄に女のおもて赤くなるは、心中に淫事の念きざすしるし也、其時男子の玉茎を女人の玉門にあてがふべし、

二、女人はなをすゝらば、慾心肺の臓にうごくと知るべし、即ち玉茎を少し入るべし、

三、女人目をふさぎ、口をあき舌をさまし、いきづかひあらく成るは、淫情脾の臟にいたると知るべし、その時ゆる〳〵と玉茎を出入すべし、あまりに深く入るべからず、

四、女の玉門の中あたゝかに、うるほひゆたかにして津液外にながれば、腎気のいたると心得て、玉門の口へ玉茎を抜き出し、左右を横につくべし、

五、女の足にて男の腰を挟み、女の手にて男の背を抱き締め、口を吸はん事を求めば、肝の臟の気いたると心得て、玉茎を深く玉門の奥にさしつめて、静かに左右につくべし、

以上如是、此五臟に淫慾情念の至るを知つて静に秘術を行つて、女人美快の精汁多く流れて玉門の奥ぴくめき動く事止み、女ためいきをつき締めたる手足寛《ユル》ぐ時、男玉茎を抜き出すべし、若し此時女の方より持ち挙げ頻りにすりまはり、声を出してうめくとも、男あわてゝ荒く抜差すべからず、如是して男子精汁をば常に保ちて、妄りに洩すべからず、もし

五臓の気いたらざるに男子强ひて玉茎を差し入れ、玉門も未だ濕はざるに、きつく出入をいたせば、男子精汁はやくもるゝものせ、例へば空しく宝を捨てゝ用に立てざる如し、能く此理を心得て妙術を行ふ人は、兵法者の小太刀にて諸具足を收め万敵に克つが如し、男子若く盛んなる時、玉茎しばしばおゆるに任せ繁く交合すると雖も、此道を学ばぬ人なれば、無理に精汁のみを洩して玉門の美快の所にも當らず、女の精気をもやらしめぬは、喻へば敵方に薄手も負はせずして空しく犬死を致すが如し。又女人の慾心既に動じて玉門張りふくれ、湿ひ外に流るゝに男子の玉茎おえずして、女人心底の望かなへざれば、次第に其男を悪み嫌ふ心出でくるものなり、

九　勢　の　要　術

黄帝問うて曰く、交合の法数多ありや、

素女答へて曰く、忝くも聖問をうけて、いかでか答へざらん、淫乱の説

に非ず、交合の奥傳、養生の神術也、然れば交合の道に其法九あり、

一　龍　飛　勢

女人を仰向にふさしめ、其股を開かしめ、男子其股の間により腹の上にかゝり臥し、先口を吸ふべし、女は腰を張り玉門をもちあげ玉茎をうくべし、男は玉茎にて玉門の合せ目を撫で、、湿へるに従つて静に玉茎を入るゝ也、然して女人の淫念も甚だ動じて五臓の気もいたらば、静に玉茎を動かし八深六淺の法を行ふ時、両情共に樂しみ、百病忽ち消除する也、

二、虎　歩　勢

女人をうつぶせに匍《ハ》はしめ、男その後へにかしこまり女の腰にとりつき、即ち玉茎を入るべし、五淺六深の法を行ふ時、玉門張り膨れ津液外に流れ、玉門の中漸なるものなり、男の意ゆるくのび、女情喜悦して互に血脈流通する也、

三、猿　摶《ハク》　勢

男子坐して両の股を合せ、両足を揃へて差し出す、女人両の股を開き男の腿の上に坐し、女の両足にて男の腰を挟み、即ち両陰和合して玉門湿ふ時、玉茎を差し入るべし、男子女の尻を拘へて九深五淺の法を行ふ、津液流出して百病頓に愈ゆ、

四、蟬附勢

女人俯向に伏し、両の手をつき左の股をさしのべ、右の股をかゞめて、男子その後に跪き、即ち玉茎をさし入れて赤珠をたゝきて、七深八淺の法を行ふべし、玉門ひずみ（歪）張るによつて思ひの外なる所に當り残りなく精汁を出すなり、

五、亀騰《トウ》勢

女人を仰向に臥さしめて、男の両手にて女の両足を捉《トラ》へ、女の乳の所まで女の足を押しかゞめ、即ち玉茎をさしこむ時、女人の慾情自から動じて美快を極め、液汁流る、事限りなし、

六、鳳《ホウ》翔《ショウ》勢

女人を床（寝台也）の上に横様に仰のけに臥さしめて、女自ら両手にて両の股をかかへ、両足を腹の上にか、め置く、男は床の下より立ちながら玉茎を深くさし入れて、玉門の奥を左右にこぢるべし、女自ら腰を動かす時、九深八淺の法を行ふべし、誠に此勢は陰陽秘術の口傳なり、

七・兎《ト》吮《イン》勢

男子仰向にふし両足をさしのべ、女は男の股の上に乗り、女の面男の足首のかたに向ふべし、女の手にて玉茎を握り、玉門に當て、琴弦（深さ一寸）に臨ましめ、濕生ずる時深くさし入れて深淺の法を行ふべし、女の心中美快なること類なし、

八、魚接勢

二女を用ふる法なり、一女をば仰向に臥さしめ股を開き、一女は男の交合する時の如く俯臥して胸を合はせ、仰ぎたる女の股の間にかしこまり、両女の玉門を相合して互に抱き合ひ、男は両女の後へにかしこ

まり、上下の玉門を眺め、膨れ湿ふ時先づ下の女の玉門に玉茎をさし入れて静かに出入するせ、上の女の玉門はうらやみを起し津液甚だ流る、時即ち上の玉門にさし移して静かに深浅の法を行ふ、又下の玉門羨みをなし、すりまはる時、又下の玉門に玉茎をさし移して緩々《ユルユル》浅深の法を行ふ、如此して男の精汁をば堅く持ちて周章《アワ》て洩すべからず、誠に此法、胸中の鬱氣を拂ひ一切病を退くる仲立なり、

九、鶴交勢

男子壁によりかゝりて坐す、女の手にて男の首を引寄せ、女の右の足にて男の腰をうち纏ふ、男の右の手にて女の左の股を押し上げ、女の足首を男の右の肩に打掛けさせ、両人の身をぢつと合せて、女の手にて玉茎を握り玉門にあてがひ、菱歯(二寸)に及ばしめて玉門も頻に湿ひ、玉茎甚だ堅くば、谷實(五寸)にさし込む、而して静かに動かし九淺一深の法を行ふ、玉門美快の所に自然に當る時、津液流出する事誠に限りなし、男女共に気巡り血通じて諸病忽ち癒ゆるなり、

深浅利害損益之辨

黄帝曰く、九勢之要術既に聞く事を得たり、陰陽交合の道に出入浅深の術、利害損益の法ありと聞く、願くは吾に之を告げよ、

素女答へて曰く、夫れ女人を美快ならしむる事、あながち深く入るにも因らず、又玉茎の大なるを好むにも非ず、或は其時の興により、或は其女の好む所に當る時、美快なる事限りなし、其時は前後を忘却し、恥を忘れ感に堪へかねて歯を喰ひつめ、身をすくめ撼《フル》はし、鼻息荒く目をふさぎ、慢《ソゾロ》に声を出し面赤く熱し、津液多く流るゝもの也、

一寸入るゝを琴弦と云ひ、二寸入るゝを蔘歯と云ひ、三寸入るゝを嬰鼠と云ひ、四寸入るゝを玄珠と云ひ、五寸入るゝを谷實と云ひ、六寸入るゝを愈鼠と云ひ、七寸入るゝを昆戸と云ひ、八寸入るゝを北極と云ふ、以上如是浅深に八名あり、然るに交合の道、深く入るゝ事を切に忌む也、常に深く入るれば必ず五臓を破る

一、谷実に常に至らしむれば必ず肝を破る、故に目を病ましめ、泪《ナミダ》を流

さしむ、

二、愈鼠に常に至れば必ず肺を破る、心地悪く、からゑづきして腰を痛ましむ、

三、昆戸に繁く至れば必ず脾を破る、面の色黄にして腰しびれ、股すくみ腹痛む、

四、北極に至らしむれば必ず腎を破り、男女共に病を生ず、又甚だ忙はしく玉茎を出入し、速に行ふ事を嫌ふ、周章《アワテ》急ぐ時は、必ず氣道を破り、胸中に諸疾を生ず、

八深六淺一深之論

黄帝問うて曰く、八深六淺、九淺一深とは何といふ事ぞや、

素女答へて曰く、八深六淺とは深く指入れて息八息をつき、淺く抜き上げて息六息をつくなり、深く入れて八度つき、淺く抜いて六度つく事にはあらず、

淺くとは琴弦(一寸)より玄珠(四寸)にいたるを云ひ、深くとは嬰鼠(三寸)より谷實(五寸)にいたるを云ふ、

右此淺深の秘術を心得て常に行ふべし、甚だ淺き時は女心美快ならず、餘り深き時は男女の爲に毒となる事多し、

五　傷　之　法

黄帝問うて曰く、男女交合の道に五傷の法ありとは何ぞや、

素女答へて曰く、

一、玉門膨《フク》れず湿はざる間は必ず玉茎を入るべからず、強て入るゝ時は肺を破る、

二、女人の淫情既に動ずと雖も男子それをも知らず、漸く女の心中の興つき時過ぎて交合する時は、必ず帯下《コシケ》の病となる、

三、少壮の女に白髪の老男相對して玉茎堅からず、なまじひに少しおゆると云つて強ひて交合し、精汁を洩す事重なれば必ず目を病み、終に

は盲目となる也、
四、女の月水未だ止まずして強ひて交合すれば、互に腎を破る、
五、男子沈酔して交合し、女人の美快なること過ぎ終りたるに強て久しく出入を行ふ時は、必ず面黄の病を生ず、

淫情十動之候

黄帝問うて曰く、女人の淫情に十動の候ありとは何ぞや
素女答へて曰く、
一、男子沈眠するに、女ひそかに玉茎を握り、そろ〳〵と動かして、自ら玉門を寄する事あるは、女の心中に淫念きざす謂也、
二、女人の男子に會ふ毎に、詞にて戯れ目にて心を通はす事あらば、慾心動くと知るべし、
三、女の足の指にて玉茎を挾み締むる事あるは、淫事を催すと知るべし、
四、男女互に久しく心を通じ、邂逅《タマサカ》に遭《ア》うて既に交合する時、女人静か

に静かにと言はゞ、男子の精汁の早く洩れん事を兼て怖るゝと心得て、静に浅深の法を行つて久戦すべし、

五、人なく閑《ノドカ》なる所に只二人居て、女の息荒くなり面の色赤くば、淫事の念きざすと知るべし、

六、男女既に交合せしむるに女の手にて男の背をきびしく締め、下より動揺して上下左右に摺り廻らば、美快の盛んと心得て、男の方よりも強く出入せよとの志るしせ、

七、交合の時、女人仰向臥て手足をさしのべ、動かずと雖も、鼻息だに少く荒くして足の大指をそらさば、心底に美快なること甚だしと知るべし、

八、交合の時、女自ら両手にて両足をもちあげ、玉門をさしあげ玉茎の出るを惜しみしたひ、男のつくには、しかと答ふるは、淫念甚だ動じて、玉門の奥底に玉茎の至らん事を望むと知るべし、

九、交合の時、女酔へるが如く、玉茎を抜かせず、男の腰を女の手足に

て、ひしと締めて自ら竪横《タテヨコ》にこぢり、声を出して己を忘るゝは、陰中
に痒《カユ》き所あつて玉茎の當ると知るべし、

十、交合の時、男静に淺深の法を行ふに、次第に女自ら動揺し、既に急
にもちあげ、男の腰を拘《トラ》へて下より頻りに抜差をなさば、美快の極と
心得て、玉門の奥の左右に玉茎を當らしめ、玉門より津液の多く湧出
するを待て静に玉茎を抜くべし、

時節善悪之辨、交所吉凶之辨

黄帝問うて曰く、男女婚合せしむるには時節の善悪交所の吉凶ありや、
素女答へて曰く、
天地の震動、　大風急雨、　雷電晦朔、　大寒大暑、　日蝕月蝕、
庚申甲子、　立春立夏、　立秋立冬、　春分秋分、　夏至冬至、
五月五日、
右此日時は必ず交合すべからず、若し誤て交會する時は天地其壽を奪ふ、

神社佛閣、　聖賢像前、　井竈厠傍、　日月光下、
右此所にて交るべからず、若し誤りて交る時は、鬼神必ず其身に禍をなす、

憂愁に心を尽したる時、忿怒に気を逆《サカ》上《ノボ》らしめたる時、久く行き久く立ちて筋力を尽したる時、酔酒飽食して脾胃を苦しめたる時、諸病この頃癒て血気未だ整はざる時、産して未だ一月にも満たざる間、
右此節會合すべからず、若し誤って婚合する時は、血気破れ、筋骨かわき、大病となる、深く慎むべし、

又女人髪黄色に、面身の色甚だ黒く、骨高く肉あれて極めて痩せ、男子より年たけて、多く産して身かじけ澀ひなく、心甚だ猛く、男の声の如く、腋の下臭く、玉門乾き渋り、白帯赤帯などある女には、稀にも交るべからず、思はざりきに交合せしむる時は、男子宝を損する也、慎しむべし、

精汁漏洩の年数

黄帝問うて曰く、男子の精汁を洩すに、年数に従って其法ありや、

素女答へて曰く、

男子二十歳に満たば三日に一度洩せ

三十歳に至らば五日に一度洩せ

四十歳に至らば七日に一度洩せ

五十歳以上は　半月に一度洩せ

六十歳以上は強ひて妄に洩すべからず

當時は皆此法度を知らず妄に交合して、二十三十の旺盛なる時分、一日一夜の間に精汁を三度四度もらし、或は五六度に及ぶ、故に其人中年にも至らずして白髪生じ五體かじけ、未だ老年に及ばずして筋骨すくみ腰いたむ、終には諸病蜂起して命つゞまる也、深く慎むべし、

房中の藥術

黄帝問うて曰く、房中に藥術を以て奇妙を得る事ありや、
素女答へて曰く、老いたるを若やかしめ、弱きを強からしめ、乾けるを湿す事、皆是藥の功能也、何ぞ房中に於て藥術なからんや、

絲鴬膏、　心の深き女に用ふべし

丁子三粒、山椒四粒、細辛、龍骨、海螵蛸《ハウセウ》、明礬、各少し許り
右六種、各細末にして生密《(マ)》にてこねて、男女交合の時、少し許り玉門の奥に入れて淺深の法を行ふ時は、陰中掻く膨れ、温にして津液を出す事限りなし、深く慎む女も覚えず声を出し、美快の姿を表すなり、

玉鎖丹、　男子の精汁を洩さぬ藥なり、

竜骨一分、訶子（炮去皮）二朱、縮砂二朱、長砂五分、
右四種細末し、餅の糊にて小豆粒程に丸し、交合以前に七粒温酒にて服すれば、女人三五人に會ふとも、男子の精汁洩れざるべし、

如意丹

石榴皮、木香、山薬、蛇床子、呉茱萸、
右各等分して細末し、交合の時唾液にてねやし、玉茎にとろりと塗り、玉門に挿し入れて浅深の法を行ふべし、老女たりと雖も誠に少女の玉門の如くなるべし、

壮腎丹、　男子の衰へたる腎を補ひ、気力を増し、玉茎を強くす、
丁香、附子、良薑、肉桂、小茱萸、蛤蚧各一匁、明礬水、硫黄各七匁、
右八種細末し、練りたる蜜にて丸じ、むくろじ程にして空腹の時三粒宛、温酒にて飲むべし、妻なき男は卒爾に服すべからず、

西馬丹　筋骨を養ひ玉茎を長大にす、
沈香、乳香、没薬、木香、兎絲子、各五匁　茴香《ウヰキヤウ》一匁　破故紙酒一両浸
桃仁去皮四十ケ
右八種各細末し練りたる蜜にてこねて、くるみ程に丸じ、空腹に一粒宛、温酒にて用ゆ、一月に及べば玉茎太く長くなりて、一段強くなるせ、

寸陰方、　女人の心底を嬉ばしめ、其男を永く忘れざらしむ、

蛇床子、狗骨灰、肉桂各三匁、定粉二匁、

右四種各細末し、交合の時唾液にてねやし、玉茎に塗りて淺深の法を行ふ時は、女は男を思ふこと誠に千重万重なり、

右此一冊は大明より図像を相交へたる印本吾朝に来ると雖、其旨趣深遠幽微にして、淺学の徒其術卒《ニワカ》に習ひ難く、其法輙《タヤス》く行ひ難し、故に其詞誠に卑俗なりと雖、明朝《ミンテウ》の文字を大和言《コト》の葉に柔げて、人をして陰陽和合の道を知り易く、婚姻交姤《カウコウ》の理を行ひ易からしめんとするもの也、強《アナガチ》ち淫情を催し遊興を事とするに非ず、是れ只天真の至宝を保たしめ、壽算を永久ならしめんとのみ、

洛下雖知苦齋盍《カフ》静翁　　　道三

干レ時《トキニ》天文廿一年正月八日

奉《リ》レ授与《シ》松永彈正忠殿一畢《ンヌ》　可《シ》レ秘《ス》

白樂天之知ル紫陽ヲ、欧陽公之愛スル牡丹ヲ、是艸木之神、得千古之知己ヲ、而其名始メテ大ナル者也、蓋シ稗《ハイ》官小説、庸人軽蔑スル之ヲ、如シ枯木断株ノ、識者或ハ有リ取ル焉、是ノ編専ラ論ジ攝生之要ヲ、不ルニ敢テ縦ニセ情慾ヲ庶《チカキカ》哉、具眼者能ク知ラン之ヲ、則是書大幸也、

文化戊辰五月吉日

奥　村　慎　猷　識

房中秘法

西原正明靈記

房中の要は、交媾の道に於いて精を洩らさず氣を蓄へ、然も神を養ひて壽を全うするにあり。

濫りに精を洩らせば、神を枯らし氣を失ひて肉を涸凋し骨を弱くす。故に房中の法は、陰陽の正氣を交らしめて而も之れを漏らさず、氣を蓄へて己れを強くするなり。

性慾情炎の燃ゆるに順つて心意を之れに働かしむべからず。其快感の萠ゆるに従つて、益〻心意を交媾の上に用ゐること勿れ。

房中交媾の法に於いては、肉体の交りと心意の働きとは自ら別なりと観念すること心要なり。

交媾は自然の道なり。天地陰陽あり。氣に正負あり。人に男女あり。正負陰陽交合して萬物を化生す。男女交りて心を和《なご》め家を守り子孫を作る。之れ自然の道なり。

然る故に、天地の氣交合するは、萬物を化生し諸象を養育せんがためにして、人の男女相交るは子孫を得んがためのみにあらず、實に天地の道に順つて家を整へ心を和め、平静を守りて其性を養ひ命を補ひ壽を延ばし、以て天器の構造を全うせんが為なりと知るべし。

肉体の交りは其の性に順つて之れを行ふ。心の働きは、以て神を養ひ氣を益し神器を完うする上に活動《ハタラ》かしむべし。

心意の働きは念によつて左右し得るなり。

性情肉体は交るとも、意は之に執着貪愛することを勿るべし。常に神氣を養ひ天壽を全うすることに、心を強く用ゐるなり。

交合して男根女陰の元氣勃起充溢して堅くなるは、即ち正氣の充實したるなり。この氣を漏らすべからず、失ふこと勿るべし。

精は氣の液化したるなり。即ち氣の眞液なり。精を洩らすは氣を失ふなり。氣は神の根なり。氣を失ふは神を枯らすなり。神枯るれば肉を疲らし骨を弱くし、心氣精神を沮喪して命を損ず。愼しむべきなり。

或は精を漏らすとも氣を失ふなかれ。精漏る丶とも意を用ゐざれば、心降らざるが故に氣を失ふことなく、神を枯らすことなし。

神氣の充實は天地の理法に基づくなり。心猿意馬の奴となりて命を損んずること勿るべし。

交媾に際しては、弱くして之れを入れ、強くして之を出す 氣を益し、氣を守る。即ち弱ければ交りて女陰に氣を攝《ト》り、氣を益し神を強めて壽を完うするなり。出入を多くし、或は急しく強くして己れの体を駆使疲勞すること勿れ。交合没入して緩やかに之れを保ち、玉茎の元氣充實堅固なるに於いて、出して精を守るなり。或は之を出さずとも、益〻心を神氣の吸攝充溢に用ゐれば、何時間を交媾すとも、亦幾人を御すとも、更に氣を失ふことなく神を枯すことなくして、益〻旺んなるを得るなり。唯常に交合しては精を漏らさず、神気を吸攝して己れの内に充實堅固ならしむることに努むるなり。心平静にして之れに定まれば、意馬心猿の情に狂ふことなく、己れの精を完うし、益〻神氣を養益し、筋肉骨脉を堅固質直になし得るものとなる。

男に限らず、女に於いても全様なり。交合して其の根或は門に膨満充實し来れる精氣元氣は、必ず内に循らして堅く守り、己れの神を養ふものとして漏逸失射することなかれ。心は常に必ず充實満々の精氣元氣を、内に守り内に循らして神氣を養ひ、延年益壽の事に決定して平静なるを努むるなり。

性慾快樂の満足に貪愛執着して焦燥し、漏精放逸に趨ること勿れ。

交合に際しては、常に相手の極より精氣を吸攝することなり。即ち相交りて其の相手の極根及び丹田に白日青光の充氣を瞑想し、相手の根或は門の極より、己れの根或は門の極に浸潤膨満し来りて遂に己れの根或は門が堅固なるに至らば、即ち其の極より精氣白光を吸息に伴つて眉間明堂に吸攝し（こゝに白光青氣を認め得るに至れば完全なり）之れを天頂より後脳延髄に及ぼし、更に脳神經の經脉に添うて全身に循らすなり。

丹田に氣を止むるときは、意之に著溺して情益ゝ動き、精漏れやすし。

根門に精氣充實し來れば、即ち之れを眉間明堂に吸息と共に循らして持ち來ること、房中秘法の肝心なり。之れ養神正氣の秘鍵、延年益壽の秘法、精神を益々明朗快活ならしむる秘密至極の事なり。

更に觀念と極門或は極根を修練して、其の根或は門より相手の精氣を、吸息に伴つて吸引するの習慣と神術とを自得すれば、更に確實堅固なるを得るなり。然れども此の法は連續回數を重ぬるに於て相手を弱くするを以て、仝一人にて頻繁に用ゐるべからず。吸入攝收したる精氣は、尚吸息に伴つて明堂に持ち來り、次いで前述の如く体内に循らすなり。

以上の法を他に漏らすべからず。神に合し眞を自得せざるものは道を誤り、其の道を疑ひて天神地祇の秘術を蠱毒す。神機僊法を嘲り害はしむるものとなる。濫りに他に洩らすこと勿れ。

之を完うすれば目を明らかにし、心根を爽快にし、齒を堅くし、骨肉を健やかにし、諸々の災厄を除き、諸悩病疾を癒やす。壽を延ばし性を養ひ神を完うして福德尠なからざる者也。

然れども延年益壽養神整氣の道は、必ずしも男女交媾の上のみに限るにあらず。太乙眞元正氣の流れあるを知れば、亦自ら單獨勤修して得らるゝものなり。

太乙正氣の流れとは、萬有諸法を化生せる天之御中主神の混沌太元の神氣、宇宙構造の根本太靈の流れ、諸象萬靈の根底なり。之れあるが故に萬物あり。之れあるが故に萬象を生じ、諸法發動して宇宙を構成す。一切の萬有諸法の中に潜みて力となり、形となり、能《ハタラ》きとなり、眞元となる。其の正氣の流れは天照大御神の主宰し給ふところ、其の動きは完全と円滿と健全と幸福とを機構し、其の働きを具有するものなり。然る故に太乙正氣の流れ完全なれば人ば病なかるべく、諸の災ひの種は跡を断ち切るものなり。然れどもこの氣の動きに順逆の二様ありて、善悪正邪の差別を作る也。道を守るものは之れ正、之れを過まり阻《ハバ》み害ふものは之れ即ち悪なり。

己れを完うし、己れを養ひ、己れを正しうし、他を害はざるものは即ち順なり、正なり、善なり。天地の道に協ふものなり。太乙眞元の正氣は、すべての機構に實在す。宇宙自然の萬象諸法の實在が、即ち其根本太乙精氣の顕現化生なり。己れも他も、みなその生々躍動によりて生《ナ》り、然も尚ほ現に實在し活動しつゝあるものなり。即ち太乙眞元の正氣は、すべての實在に潜み滿ち漲《ミナギ》りて其の精髄をなせるものなりと知るべし。

今延年益壽の道に、之を攝《ト》り之れを用ゐるなり。

男女交媾して房中の秘法により、神を養ひ氣を益し命を補ふといふも、其の眞髄根本は、即ち宇宙構成の本源をなせる太乙精氣の吸攝といふより外になし。唯人の性に從つて交媾の道存し、心を和げ氣の和睦を得ると共に、養神益氣の道に協ふが故に、之れを用ゐるなり。子孫を得むが為の義と、房中養神の法とは、自ら趣きを異にする也。

然る故に、太乙眞元の精気を得べき根本の要鍵より云へば、必ずしも男女交媾の法のみに限らざるなり。人の性を滿足し情慾を滿しても身を破ることなからしめんがために、交媾の法を選ぶなり。太乙精氣の吸攝は、單獨勤修して得らるゝものなり。

先づ仰臥或は端坐せば、體を寛《クツロ》げ筋を寛《ユル》め、脉絡を柔らげ骨を整へて、漸次息を細くし、丹田に氣を落着けて然る後、天地未だ創造《ツク》られざりし始め、玄黄青白の神氣混沌として漲りてありしものが、次第に中央に青白紫光の光を出して、宇宙に満てる黄玄の精氣を照らすと見るなり。この太乙眞元の眞氣、中天より降り來りて眉間に流れ注ぎて満ち充つるを觀ずべし。之を太乙眞元の觀法と名づく。然るとき太乙眞元の精氣、絶對根本の神気は、吸息に從つて黄金の水の如く青白紫光の露滴、太陽の光りの照射する如くに身に浸《シ》み至り、満ち充ち來るを感ずる也。

氣は静かに而も常に多く吸つて、外に出づること少なくするなり。多く静かに吸つて、良く内に充分に循らすなり。

斯く觀じ來れば、この眞氣、この太靈の元氣、この太乙の精氣、中天より明堂に降り來りて髓に浸み、經脉に沿うて傳はり流れて循行し、全身を潤し、筋骨経脉を清め洗つて堅固不動の身となすを得るなり。斯くして真氣体に満ち、次第に丹田に充満して、魂は大となり、清浄となり、勇健となり、安固となり、遂に不死金剛の玄胎神身を凝結成就するなり。

獨居房中秘法を勤修する前に、先づこの太乙真元の観法を行ふべきなり。然る後手を合せ重ねて男根或は玉門を押へ、交媾の情を起すなり。其の時、太乙眞元の金身を得たる妍美婉麗の天女、或は白皙明貌の童男と共に在るを観ずる也。斯くして神気極門に聚まれば、男茎或は玉門膨脹して堅固なるに至るべし。吸息と共に益々玉門、男莖、及び丹田、下腹、腰髓の真に、太乙眞元の精氣元氣、鬱勃として聚まるに至るべし。神氣は吸息と共に、明堂天庭より降り浸み来りて、後脳延髓より脊柱を降り、丹田極門に満つる也。

情動きて元氣益々充實せば、極門丹田を陥《スボ》めて充實せる元氣を明堂天庭に還し循らして、天頂、後脳、延髓脊柱を傳へて全身に循行せしむるなり。

若し意動きて精の將に洩れんとせば、強く念を用ゐて眞元に徹する氣合の心組みにて、丹田極門の氣を一時に天庭、明堂、眉間に引くなり。下腹、極門、腰髓の眞極を急速に縮め、端的に擧上して其氣を明堂天庭に引き擧ぐるせ。この縮引挙昇の法は、男女交媾の場合に於ても仝様なり。

交媾に際しては、常に静かに養神益氣の分を守りて、性交、快感、情慾、射精の満足に貪着することなく、眉間の白光を想ひて心を澄ませば、漏精失射すること無きものなり。

時に漏らすとも、此の心を失はざれば神を枯らすことなく、氣を涸《カ》らし元氣を失ふことなし。

氣多く下腹、腰髓、極門に満つれば、大きく吸息して肺を擴げて氣を引き、肺氣を洗換して心を寛く静む。

良く極門の快感慾情に擒《トラ》はるゝことなく、心を眉間に置きて神氣の充溢吸攝の法を觀ずべし。

斯くして神氣清浄にして堅固不動の身を成就し、心意旺盛明快となり、養神益氣の道、長生不老の法を満足し得るなり。
神惟らに起り始めし道
神ながらに守り行ふべき道なり。
右者、伊邪那岐大神、伊邪那美大神、御傳授の秘法也。
可秘、可畏。

正明附記

極とは男根或は玉門の極の意で、又下丹田の極の意もある。神教によれば會陰部の上一寸五分、下腹前より五寸奥、背より三寸前とのことである。つまり膀胱尿道の奥、下腸間膜神經叢の極底と思はれる。又後の方に極門を云つて極根を云はないのは、別に意ある訳でなく、両方を兼ね含んでゐるものと解されたい。尚、明堂、天庭、天頂などは骨相学上の語で、眉間より一直線に上りて大脳の中枢に至り、更に延髄脊髄に下る、氣の循行する径路である。

延年益寿秘経

平成十六年四月二十日　初　版発行
令和　五　年十月二十日　第二刷発行

著　者　松本道別

発行所　八　幡　書　店
東京都品川区平塚二―一―十六
KKビル五階
電話　〇三（三七八五）〇八八一
振替　〇〇一八〇―一―四七二七六三

ISBN978-4-89350-616-0 C0014 ¥6800E

八幡書店 DM や出版目録のお申込み（無料）は、左 QR コードから。
DM ご請求フォーム https://inquiry.hachiman.com/inquiry-dm/
にご記入いただく他、直接電話（03-3785-0881）でも OK。

八幡書店 DM（48 ページの A4 判カラー冊子）毎月発送

①当社刊行書籍（古神道・霊術・占術・古史古伝・東洋医学・武術・仏教）
②当社取り扱い物販商品（ブレインマシン KASINA・霊符・霊玉・御幣・神扇・火鑽金・天津金木・和紙・各種掛軸 etc.）
③パワーストーン各種（ブレスレット・勾玉・PT etc.）
④特価書籍（他出版社様新刊書籍を特価にて販売）
⑤古書（神道・オカルト・古代史・東洋医学・武術・仏教関連）

八幡書店 出版目録（124 ページの A5 判冊子）

古神道・霊術・占術・オカルト・古史古伝・東洋医学・武術・仏教関連の珍しい書籍・グッズを紹介！

八幡書店のホームページは、
下 QR コードから。

神仙秘伝の養生極意を網羅！

神仙養生法

定価 8,580 円（本体 7,800 円+税 10%）
A5 判 上製 クロス装幀 函入

大宮司朗＝編著

導引法、灌水法、観念法、吐納法、房中法等、神仙によって伝授された養生法を網羅した決定版！
神仙・河野至道寿人から川合清丸に伝授された「仙家秘訣無病長生法」、数多の仙書から房中法の密訣を探り、その要諦を編述した「神仙房中法」（『神仙秘書』にも収録されていない）を始めとする宮地水位大人の遺された書「神仙導引気訣」、「仙人食物篇」……以上四点は、わかりやすい現代語訳にして収録。
その他、大宮司朗先生が、白隠禅師の内観の秘法、軟酥の法を紹介した「白幽仙人長寿法」、難病克服、健康保持、また玄胎凝結の基本行であるところの小周天法の理論から実践までを解説した「神仙秘伝周天法」を収録。
また、巻末附録として、周天法の基本図書である伍冲虚「仙佛合宗」の筆写本を復刻。加えて周天法関連の秘図を収録するなど、盛りだくさんな内容になっている。

白日に昇天した最後の仙人・山中照道大寿真の秘密奥伝を公開！

無病長生法

付録
至道物語

定価 5,280 円
（本体 4,800 円+税 10%）
A5 判 並製

川合清丸＝著

「無病長生法」は、幽真界に由来する秘禁の胎息術を軸とするもので、山中照道大寿真から明治の仙人といわれた河野至道寿真に伝えられ、さらに本書の著者川合清丸に伝えられたもので、世俗の健康法の類とはまったく異なるものである。ちなみに河野至道がこの法を川合清丸に授けたのち、吹雪の葛木山中で大寒の水行を修めていると、いずこともなく照道大寿真があらわれ、「汝は仙家の禁戒を守らず、かつて伝えた秘禁の胎息術をみだりに人に洩らしたのは、もってのほかである」として、50 日の謹慎を申しつけられたという。本書は、「無病長生法」の他に、「序論」「付論」「摂生総論」「余論」「判決総論」を収録し、付録として「養老百則」「気質錬磨法」「慢性病治癒法」「耳順養生録」「神代の治療法」「至道物語」等、盛りだくさんの内容になっている。

仙道の秘技を実践本位に指導

煉丹修養法

伊藤光遠＝著

定価 4,730 円
（本体 4,300 円+税 10%）
A5 判 並製

煉丹法とは、心を虚無の状態に置くことでまず精を養い、つぎに観想法によって精を気穴＝丹田に回収し、神気合一せしめて気穴より真気（薬）を発生させ、周天を行じてこの真気を練り、大薬を得るの法で、ここに至れば目より臍に至るの一路に光が走るのを見るに至る（止火）という。第一部は根本禅と煉丹法を対比し、体的な現象を逐一あげて詳述している。第二部は清の時代の禅師で神仙道にも通じていた柳華陽が煉丹の秘技を詳説した『金仙証論』を現代語に訳し、初心者でも理解できるように実践本位の詳しい解説を付している。第三部は仙道用語の事典になっている。